# POÉSIES CHOISIES

DE

# Gresset

TIRAGE A PETIT NOMBRE

*POÉSIES CHOISIES*

DE

# Gresset

Avec une Notice bio-bibliographique

PAR

L. DEROME

PARIS

A. QUANTIN, IMPRIMEUR-ÉDITEUR

7, RUE SAINT-BENOIT

1883

# NOTICE SUR LA VIE
## ET LES ŒUVRES DE GRESSET

### I

RESSET (*Jean-Baptiste-Louis*) est né le 29 août 1709 à Amiens, où il mourut le 16 juin 1777, à l'âge de soixante-huit ans. Il était fils d'un conseiller du roi, commissaire au bailliage, puis échevin de la ville. Sa famille était originaire de la Grande-Bretagne. Il n'y a pas d'évènement dans l'enfance du poète. Elle s'écoula tranquille et paisible comme sa vie entière, du reste, au sein d'une bonne famille de bourgeoisie, dont il conserva les mœurs et les instincts modestes. On le plaça de bonne heure au col-

*a*

lège des jésuites de sa ville natale. Les jésuites partageaient avec les oratoriens le monopole de l'enseignement secondaire. Leurs méthodes et leur manière d'enseigner, leur éducation facile et peu austère, étaient tout à fait d'accord avec l'humeur de leur élève. On se demande ce qu'il fût devenu chez les oratoriens, raides, sévères, jansénistes, hostiles au rire malicieux qui devait faire la réputation de l'auteur de Ver-Vert. Il les aurait quittés, ou son caractère aurait pris une autre direction. Le jeune homme avait des dispositions heureuses. Les jésuites, à l'affût des jeunes gens propres à faire honneur à leur compagnie, lui firent des avances qu'il ne repoussa pas, dans lesquelles sa famille voyait sans doute aussi un moyen d'avenir. On peut supposer qu'il se laissa faire, plutôt qu'il ne montra de vocation décidée. Il devait lui-même le déclarer plus tard, lorsqu'il eut à rompre avec les jésuites.

Ses qualités étaient de celles qui attirent et n'effrayent point par une originalité trop accusée. Les jésuites n'aiment pas l'excès d'originalité. Ils la trouvent suspecte. Ils n'aiment pas non plus ceux qui ont une personnalité dangereuse, ce qu'ils nomment un sens particulier, si rares que soient les fruits qu'elle promet. Aussi n'ont-ils jamais eu que par hasard un homme de génie dans leurs rangs. Par contre, ils ont eu beaucoup de supériorités correctes, qu'ils savent cultiver, discipliner, pétrir selon les règles de l'institut. Le jeune Gresset laissait espérer qu'il en serait une. On caressa donc son amour-propre afin de se l'attacher et provisoirement l'on y réussit à souhait. A l'âge de seize ans, il fut admis parmi les novices de l'institut.

Les supérieurs de la maison d'Amiens l'envoyèrent aussitôt refaire ses études à Paris, au collège Louis-le-Grand, le meilleur de leurs établissements de France. « Là, dit M. de Pongerville, compatriote et l'un des biographes [1] de Gresset, selon l'excellent usage de l'ordre, il recommença, comme professeur, les études qu'il venait d'achever comme élève. » Il avait reçu l'éducation purement littéraire que les jésuites donnaient à cette époque. Ils s'occupaient peu de philosophie, encore moins de science ou d'histoire. Leur clientèle ordinaire se composait des enfants de la noblesse, dont la carrière était à peu près faite d'avance. Ils laissaient à l'Oratoire le soin de créer des spécialistes. Il suffisait que les jeunes gens sortis de chez eux pussent faire quelque figure dans le monde, où leur condition les appelait. Ils n'avaient besoin que d'avoir le goût formé, outre les connaissances littéraires que procurent Virgile, Horace et Cicéron. Encore Cicéron n'était-il nécessaire qu'à ceux qui désiraient entrer dans l'Église. Cela convenait fort à Gresset, qui avait l'imagination vive et l'esprit tourné aux choses de la poésie.

Il ne savait guère lui-même à quoi il était apte, au point de vue pratique, car il en faut un, même quand on se destine à entrer dans un institut comme celui des jésuites. Il s'exerça quelque temps à des thèses, à des sermons qui ne révèlent point en lui de quoi briller dans ce genre difficile. En attendant que son goût fît un choix, on l'envoya professer les humanités dans les collèges que la compagnie possédait à Moulins, à Tours, à

---

1. Article Gresset, dans la Biographie générale Didot.

Rouen et en dernier lieu à La Flèche. Il est probable qu'il y étudiait plus la poésie que la rhétorique ou l'enseignement proprement dit, car on ne dit pas qu'il se soit distingué comme professeur. Il était doué du don de l'observation morale, d'une observation qui n'était peut-être pas très profonde, mais à coup sûr fine, délicate et plaisante. Le spectacle de la vie monacale était jusque-là le seul qu'il lui eût été donné d'observer. Il observa donc la vie monacale, non par ses côtés mystiques ou ascétiques ; il aima mieux en considérer les travers. Sa jovialité naturelle y découvrit une riche moisson, et il débuta par un petit chef-d'œuvre. C'était Ver-Vert ou Vair-Vert comme on trouve le mot écrit de sa main. Il avait vingt-quatre ans (1734).

Le talent et le tempérament de Gresset sont tout entiers dans ce poème de quelques centaines de vers. Tel il s'y montre, tel il restera, sans déchoir, mais sans monter plus haut. Par le piquant de la forme, la gracieuseté inoffensive de la plaisanterie, l'abondance de l'imagination, la facilité de l'expression toujours neuve et pleine d'abandons, il emporta du premier coup le suffrage de la foule et celui des maîtres de la littérature. On n'avait rien vu de semblable depuis la bonhomie de La Fontaine. Certes, il n'y a pas à le comparer à La Fontaine. Il n'en a pas l'ampleur, l'expérience morale, la naïveté terrible. Il en approche néanmoins par plus d'un endroit. De plus il raille. Sa raillerie n'est point amère ; elle est innocente au contraire. Elle a un autre mérite : elle se gausse aux dépens des nonnes et des moines. Ce n'est pas à titre d'ennemi ; sa pointe n'est ni aiguë ni haineuse. Il est de l'école des conteurs gaulois : il rit à leur exemple des gens d'Église. On sent néanmoins qu'il est à moitié de la famille. Sa physionomie de satirique a une couleur ecclésiastique. Il a l'air « prêtreux », comme disait Théophile Gautier de M. Ernest Renan.

C'est par le ton et l'objet de Ver-Vert qu'il a plu un moment à l'école de Voltaire, qui devait bientôt le répudier. Elle avait l'instinct que Gresset n'était pas de race philosophique et cet instinct était bon. Il se moque des nonnes dans Ver-Vert, parce que ce sont elles qu'il a vues de près, qu'il les a eues à sa portée, qu'il a pu en mesurer l'existence à la fois vide, dévote et affairée.

La fable de Ver-Vert est très simple. L'auteur n'a pas eu beaucoup de frais d'invention à faire ; il n'en aurait pas été capable. Il excelle par le style qui est exquis, ingénieux, par la richesse du coloris et une vivacité d'allure extraordinaire. Il y a plus de bonheur que de force. « Un plan habilement conçu, dit M. de Pongerville, des détails gracieux, une versification élégante, harmonieuse et pure, une peinture délicatement ironique des petits travers des nonnes, donnèrent une grande vogue à ce persiflage de bon ton si convenable à une société polie et gaiement infidèle à ses traditions. »

Ceci est le fond du succès inouï de Ver-Vert. La société polie du XVIII$^e$ siècle avait perdu ses croyances ; elle n'en avait plus que les habitudes. Elle les gardait par décence, par convenance, parce qu'elles étaient accrochées aux institutions, à l'état social. Elle en riait volontiers dans les salons où elle passait sa vie. Elle ne trouvait pas mauvais qu'on s'en amusât comme elle, en vers et en prose, sans hostilité, il convient de le répéter. Elle était en bons termes avec les couvents que ses cadets emplissaient et gouvernaient, qui servaient de refuge à ses filles sans dot. L'Église ne lui tenait pas rancune de son incrédulité souriante. Les sermonnaires, afin de lui faire plaisir, au lieu de prêcher sur la pénitence, dissertaient en chaire sur l'affabilité, le grand ressort de ce monde léger et bien élevé. Or voilà qu'un poète selon son cœur, afin de le désennuyer, sans mordre jusqu'au sang, sans prendre la voix criarde des pamphlétaires, chantait à l'unisson de sa pensée. Par surcroît, c'était un poète d'une verve alerte et caustique, qui consentait à mettre sa belle langue au service des opinions répandues, au détriment de la population monastique, cette vieille tête de Turc des fabliaux, des romanciers qui avaient remplacé les jongleurs de jadis. Ce fut de l'enthousiasme.

Jean-Baptiste Rousseau, encore en possession d'un pastige qui ne devait pas lui survivre, écrivait à M. de Lasséré, au moment où le poème de Ver-Vert, quoique déjà imprimé, courait manuscrit dans les ruelles où les beaux esprits se donnaient rendez-vous : « J'ai lu le poème que vous m'avez envoyé ; je vous avouerai volontiers, monsieur, que je n'ai jamais vu de production qui m'ait autant surpris que celle-là. Sans sortir d'un style familier, que l'auteur a choisi, il y étale tout ce que la poésie a de plus éclatant, et tout ce qu'une connoissance consommée du monde pourroit fournir à un homme qui y auroit passé toute sa vie. Il n'étoit point fait pour le rôle qu'il a quitté et je suis ravi de voir ses talents affranchis de l'esclavage d'une profession qui lui convenoit aussi peu..... Je ne sais si tous mes confrères modernes et moi ne ferions pas mieux de renoncer au métier que de le continuer, après l'apparition d'un phé-

*nomène aussi surprenant que celui que vous venez de me faire observer, qui nous dépasse tous dès sa naissance, et sur lequel nous n'avons d'autre avantage que l'ancienneté, que nous serions trop heureux de ne pas avoir.* »

*Jean-Baptiste Rousseau exagère. Il a vieilli ; il est épuisé. La poésie du siècle précédent, demeurée la sienne, l'est également. Une fleur qui pousse dans le champ dévasté, où il n'y a plus de moissons à recueillir, lui arrache des accents lyriques. Sa muse glacée, découragée, croit apercevoir un renouveau. Mais son étonnement, s'il manque de mesure, témoigne de l'effet produit chez les lettrés par l'éclosion inattendue de* Ver-Vert.

*A quelque temps de là, le même Jean-Baptiste Rousseau écrit au père Brumoy, de la compagnie de Jésus :* « *Parmi les phénomènes littéraires que vous m'indiquez, vous n'avez point voulu m'en citer un qui a été élevé parmi vous et que vous venez de rendre au monde. Vous voyez bien que je veux parler du jeune auteur des poèmes du perroquet et de* la Chartreuse. *Je n'ai vu de lui que ces deux ouvrages ; mais en vérité, je les aurois admirés, quand ils m'auroient été donnés comme une étude consommée du monde et de la langue françoise. Je ne crois pas qu'on puisse trouver nulle part plus de richesses, jointes à une plus libérale facilité à les prodiguer. Quel prodige dans un homme de vingt-six ans et quel désespoir pour tous nos prétendus beaux esprits modernes ! J'ai toujours trouvé Chapelle très estimable, mais beaucoup moins, à vrai dire, qu'il n'étoit estimé. Ici c'est le naturel de Chapelle, mais son naturel épuré, embelli, orné et étalé enfin dans toute sa perfection. Si jamais il peut parvenir à faire des vers un peu plus difficilement, je prévois qu'il nous effacera tous tant que nous sommes.* »

Cette dernière réflexion de Jean-Baptiste Rousseau est à considérer. Lui-même n'a pas le grand souffle lyrique. Il y supplée à l'aide d'un art infini. Il a cherché dans l'effort et l'opiniâtreté à faire illusion à ses contemporains. Il y a réussi un instant. La gloire d'un jour qu'il doit à la difficulté vaincue, il la promet à ceux qui l'imiteront. Il est déjà de l'avis de Buffon, que le génie, c'est le travail. Ce n'est pas tout à fait faux. Dans l'espèce, il tombait mal. La muse de Gresset était prime-sautière. Sa valeur et son charme étaient l'effet, sinon de l'improvisation, au moins de cette allure libre qui se laisse aller au hasard de la fantaisie, ne boude point avec sa pensée et la prend comme elle vient. Le naturel et le tour original qu'il possède sont le fruit de ce laisser-aller. Aussi l'auteur de Ver-Vert, qui a conscience des conditions de son talent, n'essaye-t-il pas « de faire des vers un peu plus difficilement ». Il y aurait perdu sa vivacité, sa fraîcheur, sa naïveté pittoresque, le mouvement et la variété qui sont le plus clair de son mérite. Sa poésie ne sent pas l'huile. Sa manière limite sa carrière. Mais il continuera de « boire dans son verre » et il rencontrera là de quoi satisfaire son ambition qui n'a pas, en définitive, des proportions épiques. Il n'aspire pas à remuer les âmes très avant. Il songe à les distraire, et il y arrive sans peine. Il arrive en même temps à cette réputation estimable, dont la cause est d'avoir plu aux connaisseurs délicats au même titre qu'à tout le monde. Son amour-propre n'a rien à envier aux poètes qu'il voit à côté de lui. Cette bonne fortune lui suffit.

*L'accueil fait à* Ver-Vert *lui a donné de la confiance. Il revient tout de suite s'installer à Paris, chez les jésuites de Louis-le-Grand, que n'a pas offusqués le petit scandale occasionné par leur novice. Il vit là quelques mois dans la solitude, à méditer une suite à son aventure. Des désirs de plus d'une sorte commençaient à poindre en lui. La carrière qu'il avait embrassée par mégarde lui pesait maintenant. Les bruits du monde qu'il n'entendait pas, mais qu'il devinait, étaient en train d'opérer en lui une révolution. Est-ce qu'il était condamné à demeurer professeur sa vie durant, dans les murs noirs d'un collège de la compagnie de Jésus? Non; c'eût été trop bête. Au delà des murailles enfumées de Louis-le-Grand, il y avait les salons, la cour, l'Académie, une vie mondaine à affronter, brillante, pleine d'espoir, de jouissances qu'il n'y a pas sous l'habit monastique, ni dans un cours d'humanités.*

*Ceci est la pensée secrète de* la Chartreuse, *composée à Louis-le-Grand, sous l'impression des idées nouvelles qui bouillonnent dans la cervelle du poète de* Ver-Vert. *Il ne retournera pas en province. Louis-le-Grand non plus ne le retiendra pas longtemps désormais.*

*Ce poème plaintif, en vers de huit syllabes, qu'on appelle* la Chartreuse, *est évidemment dû à la même inspiration que* Ver-Vert; *mais il y a un sentiment plus personnel à Gresset qui se met en scène :*

> De la lucarne infortunée
> Où la bizarre destinée
> Vient de m'enterrer à Paris,

*dit-il, il regarde dehors. Ce n'est pas le quartier latin*

*qui l'intéresse. Foin des gens en* us ! *La montagne Sainte-Geneviève qu'il aperçoit à ses pieds est le séjour des Hurons, un antre où les pieds-plats de l'Université, élèves et maîtres, tiennent des assises grotesques :*

> Sur cette montagne empestée
> Où la foule toujours crottée,
> De prestolets provinciaux [les étudiants]
> Trotte sans cause et sans repos
> Vers ces demeures odieuses
> Où règnent les longs arguments
> Et les harangues ennuyeuses,
> Loin du séjour des agréments...

*Il invoque le secours de sa muse, se compare à Siméon Stylite. Se peut-il qu'il ne trouve pas un moyen de s'échapper ? Tout lui répugne ; il se plaint des rats, des chats, de sa table qui cloche d'un pied, de sa chaise de paille, des ennuis noirs, qui ont élu domicile dans sa cellule. Ce sont l'isolement et la pauvreté monacale qui lui sont pénibles. Il regrette la campagne qu'il n'aimait pas quand il y était, comme il est facile de voir dans son* Voyage à Rouen, *publié récemment* [1] *dans ses œuvres inédites :*

> Mais j'entrai dans des bois affreux, épouvantables,
> Des ravins abominables,
> Des coupe-gorges effroyables,
> Dans de ténébreuses forêts
> Où les lutins et farfadets,

---

1. *Poésies inédites* de Gresset, précédées de recherches sur ses manuscrits par *Victor de Beauvillé*, 1 vol. in-8°, Paris, Claye, 1863.

> Chaque nuit avec tous les diables,
> Tiennent dans d'horribles sabbats
> Des conciles détestables
> Auxquels je n'appellerai pas.
>
> (1735.)

*Il médit des villageois, de leur grossièreté, de leur cuisine. A Louis-le-Grand, il les regrette :*

> Je ne suis plus dans ces bocages
> Où plein de riantes images
> J'aimai souvent à m'égarer.
> Je n'ai plus ces fleurs, ces ombrages.

*Il a la ville sans les avantages que le bien-être et la société y procurent. Il a de plus la haine de son état, des jésuites, des moines, des nonnes. Dans le désespoir qui l'a saisi, cette haine s'étend de proche en proche au clergé tout entier, à la gent cléricale, même au clergé de campagne. C'est la leçon à tirer du* Carême impromptu *qui suivit de près la* Chartreuse. *Il n'y a pas jusqu'au curé de village qui ne soit un hère misérable qui :*

> Enseveli dans l'indolence
> D'une héréditaire ignorance,
> Vit de baptêmes, de trépas
> Et d'offices qu'il n'entend pas.

*Ce n'est pas jusqu'ici l'esprit du XVIII<sup>e</sup> siècle qui le hante. Il l'effleure à peine. Gresset n'est pas content de l'existence recluse dans laquelle sa destinée la confine. Il se venge comme il peut sur le dos de ses confrères. Tout à l'heure, c'était le curé de village qui avait à porter le poids de sa colère. Dans le* Lutrin vivant, *c'est le clergé* *des petites villes. Il ne vaut pas beaucoup mieux que le curé de village :*

> Non loin des bords du Cher et de l'Auron,
> Dans un climat dont je tairai le nom,
> Est un vieux bourg dont l'église sans vitres
> A pour clergé le plus gueux des chapitres.
> Là ne sont point de ces mortels fleuris
> Qui, dans les bras d'une heureuse indolence
> Exempts d'étude et libres d'abstinence,
> N'ont qu'à nourrir leur brillant coloris.

*Si on le nommait évêque ou abbé commendataire, il se résignerait. Son sort est d'être un pédant de collège; il n'en veut pas. Des écoliers à morigéner ! Quoi ! vivre dans les prisons à l'usage de la jeunesse, c'est-à-dire des ombres ! nenni. Son poème des* Ombres *est la dernière étape de son désappointement. Les ombres, ce sont les étudiants :*

> Un peuple de jeunes esclaves
> Dans un silence rigoureux ;
> Des pleurs, des prisons, des entraves,
> Un séjour vaste et ténébreux ;
> Des cœurs dévoués à la plainte,
> Des jours filés par les ennuis,
> N'est-ce point la fidèle empreinte
> Du triste royaume des nuits ?

*Il y a là toute une biographie morale. On suit pas à pas, durant cette période d'éclosion de son talent poétique, le progrès du dégoût de Gresset, à qui le succès de* Ver-Vert *a laissé entrevoir un horizon meilleur. Il n'avait eu, à aucun moment de sa vie antérieure, ce qu'on appelle une vocation monastique ou pédagogique. Il avait accepté* ce qu'il n'avait pas eu la liberté de refuser, ou mieux, on avait accepté pour lui et il n'avait pas opposé de résistance. L'heure de la résistance est venue. Elle ne serait pas venue, si Ver-Vert n'avait fait une si belle entrée littéraire. Ce fut le succès qui poussa Gresset hors de la maison des jésuites.

Cependant les petits poèmes dans lesquels il exhalait ses plaintes avaient été imprimés clandestinement, sur des copies qu'il avait laissé courir. Le scandale devenait public. Les jésuites, tolérants envers les leurs comme envers autrui, ne disaient pas grand'chose. Peut-être espéraient-ils encore retenir leur novice. D'autre part, ils éprouvaient sans doute une certaine fierté d'avoir chez eux un homme si fort en thèmes. Et puis, il était un exemple de la liberté d'esprit dont on jouissait dans l'institut. Comme le jeune homme n'était pas profès, il ne les compromettait qu'à demi. Les ennemis que Gresset s'était créés de gaieté de cœur, dans les couvents et ailleurs, ne considéraient pas la situation dans une attitude si bénigne. La supérieure générale de l'ordre de la Visitation — l'histoire de Ver-Vert se passe dans un couvent de la Visitation — était par hasard la sœur d'un ministre tout-puissant à la cour. Elle était indignée que ses filles eussent servi de cible aux traits acérés du poète novice. Aussitôt après Ver-Vert, elle avait eu le crédit de faire envoyer Gresset en disgrâce, de Rouen au collège de la Flèche. D'autres dont la piété ne pouvait digérer ces deux vers :

Désir de fille est un feu qui dévore,
Désir de nonne est cent fois pis encore,

criaient encore plus haut. Appuyée de toutes les récriminations accumulées autour de Ver-Vert, la supérieure de la Visitation sollicita formellement le renvoi de Gresset par les jésuites. Puisque ceux-ci étaient sourds aux plaintes qui s'élevaient de partout, le pouvoir avait le devoir d'intervenir. Il intervint en effet, et le renvoi du poète fut décidé sur l'injonction du cardinal de Fleury, premier ministre de Louis XV.

L'affaire prit de longs mois, grâce sans doute à la mauvaise volonté passive des jésuites de Louis-le-Grand. Fleury écrit à Hérault, lieutenant général de police, le 22 novembre 1735, c'est-à-dire dix-huit mois après l'apparition de Ver-Vert : « Je vous envoie une lettre, monsieur, du père de Lynières, jésuite, au sujet du jeune homme dont vous m'avez donné trois petits ouvrages. Celui du perroquet est très joli et passe les deux autres (la Chartreuse et les Ombres), mais le jeune homme est libertin et fera très certainement des affaires aux jésuites s'ils ne s'en défont. Tout le talent de ce garçon est tourné du côté du libertinage et de ce qu'il y a de plus licencieux. On ne corrige point de pareils génies; le plus court et le plus sûr est de le renvoyer. » Ce qui fut fait [1].

Les jésuites, qui l'avaient élevé et choyé, le virent partir avec regret. Ils s'étaient attachés à lui. De son côté, Gresset n'était pas insensible à la bienveillance constante dont ils l'avaient entouré. Il leur adressa des adieux en vers (lettre au père Marquet). Il déplore cette issue qu'il

---

1. M. de Monmerqué a publié les lettres des PP. Lavaud et de Lynières relatives au renvoi de Gresset.

attribue à la fortune, non à ses chefs qui n'ont pu qu'obéir à la nécessité qui leur était imposée. Il leur témoigne de la reconnaissance et les couvre d'éloges qui n'étaient point des compliments banals :

>Victime, tu le sais, d'un âge où l'on s'ignore,
>  Porté du berceau sur l'autel,
>  Je m'entendais à peine encore
>Quand j'y vins bégayer l'engagement cruel.
>Nos goûts font nos destins : l'astre de ma naissance
>  Fut la paisible liberté.

Il a des points communs avec Béranger. A l'exemple de Béranger, il se moque spirituellement de l'abus des pratiques religieuses, mais sans amertume. Béranger était d'avis qu'on eût la liberté d'aller même à la messe. Gresset y allait dès le lendemain de son renvoi de chez les jésuites. Comme chez Béranger, l'indépendance de l'esprit, il faudrait dire de son caractère, est son étoile. Cette indépendance tient moins à des convictions profondes qu'à son humeur, aux circonstances, au milieu de hasard dans lequel il se trouve. Enfin il a un genre de talent analogue à celui de Béranger, quoique moins élevé que celui de l'auteur de Grand'mère. Il en a aussi la bonhomie médisante, l'amour du plaisir, le don des courts poèmes ciselés comme des objets d'art. Ni l'un ni l'autre n'ont réussi à mener à bien une œuvre de longue haleine.

Quoi qu'il en soit, il est très soucieux au sortir de sa jésuitière, comme aurait dit Béranger. Il y avait passé son enfance et une partie de sa jeunesse. Là étaient nés ses premiers chants. Les jésuites avaient fait en quelque sorte l'éducation de son esprit, et l'avaient mis à l'abri de ses premiers envieux. Quiconque a une supériorité, si maigre qu'elle soit, a tout de suite des envieux. Sans doute, il était captif. Pourtant le commerce et l'amitié des jésuites lui avaient été au cœur. Il écrit dans sa lettre au père Marquet :

> Oui, même en la brisant, j'ai regretté ma chaîne...
> Je dois tous mes regrets aux sages que je quitte.

*Les jésuites, bien loin de le persécuter comme on les accuse volontiers de persécuter ceux qui leur déplaisent, l'ont défendu, protégé, autant qu'il a été en leur pouvoir. Ce sont d'honnêtes gens :*

> Car ne les crois pas tels que la main de l'Envie
>     Les peint à des yeux prévenus.
> Si tu ne les connois que sur ce qu'en publie
>     La ténébreuse Calomnie
>     Ils te sont encore inconnus.
> Lis et vois de leurs mœurs des traits plus ingénus.
> Qu'il est doux de pouvoir leur rendre un témoignage
> Dont l'intérêt, la crainte et l'espoir sont exclus !

*Qu'ils aillent en paix. Ce ne sera pas Gresset qui leur jettera des pierres. Il gardera le silence, il est vrai, lorsqu'on les supprimera (1762). Ce n'est pas qu'il ne fût à cette époque de sa vie revenu à une piété qui ne devait pas se démentir. La prudence a pu le retenir, à moins que ce ne fût l'indifférence, qui est encore un des traits de son caractère.*

*Dans le champ des lettres, il nourrissait de grands desseins, qui avortèrent en grande partie. On ne le savait pas encore et Jean-Baptiste Rousseau, toujours* attentif à l'avenir d'un poète sur lequel il fondait l'espoir d'un glorieux avenir, revient à ses conseils inutiles. Qu'il soit laborieux ; la facilité est l'ennemie de l'art. « Il ne suffit pas, dit Rousseau dans une lettre à M. de Lassérè, qu'une boîte soit d'or et que le dessin en soit neuf et agréable ; il faut qu'elle soit finie et achevée dans toute sa perfection. Cet art facile, qui fait le mérite d'un ouvrage, ne consiste point dans l'inobservation des règles. Au contraire, cette inobservation fait voir l'impuissance où l'on est de surmonter les difficultés de l'art ; et je ne veux point d'autre preuve que les vers même de notre aimable auteur, dont les plus corrects sont sans doute ceux où il règne le plus grand air de facilité. En un mot, le seul moyen de faire des vers faciles, c'est de les faire difficilement. Et si vous ne m'en croyez pas sur ma parole, vous en conviendrez avec notre maître Horace, dont voici les propres termes :

Nec virtute foret clarisve potentius armis,
Quam lingua, Latium, si non offenderet unum,
Quemque poetarum limæ labor et mora. Vos, o
Pompilius sanguis, carmen reprehendite, quod non
Multa dies, et multa litura coercuit, atque
Præsectum decies non castigavit ad unguem.

« Tâchez, mon cher monsieur, de lui inspirer cette maxime sans lui dire qu'elle vienne de moi, car les conseils d'un homme inconnu ne seroient peut-être pas aussi bien venus que les vôtres, quoiqu'ils ne partent que du zèle sincère que j'ai pour sa gloire et pour sa réputation qui m'est aussi chère que la mienne propre. »

Gresset n'est pas à même de s'amender à cet égard.

*Sa manière repose sur cette habitude du premier jet ; la réflexion et l'effort auraient été un obstacle. L'inspiration et l'humour ne s'accommodent pas du travail qui les éteindrait au lieu de les surexciter. Elles disparaîtraient, et on aurait des vers d'une belle facture, ce qui serait une maigre compensation. Il ne faudrait pas imaginer, quoi qu'en disent les apparences, que la fécondité de Gresset fût aussi rapide que le prétend Jean-Baptiste Rousseau. M. de Beauvillé, éditeur des poésies inédites de Gresset publiées il y a quelques années, possède un manuscrit de* Ver-Vert *qui n'est pas autographe, mais qui vient de lui, qu'il a annoté et conservé jusqu'à sa mort. Il est daté de Tours, où Gresset était professeur en* 1733, *et porte ce titre singulier qui est sans contredit le titre original*[1] : Vairvert (sic) ou le perroquet de la Visitation. A M. de S. par P. G. *Le manuscrit ne contient que* 468 *vers. La première édition de l'ouvrage (La Haye, Guillaume Niegeard,* 1734, *in-*12*) n'a que* 655 *vers. La seconde édition, donnée par le même imprimeur,* 1735, *ne renferme que* 703 *vers, tandis que l'édition définitive en offre* 715. *L'auteur s'y est donc repris à quatre fois. Il y a une différence de* 247 *vers entre le poème primitif et le poème arrivé à son complet développement. Cela suppose un labeur de plusieurs années. De sorte que Gresset n'avait pas la facilité qu'on lui prête gratuitement.*

---

1. Le titre écrit *Ver-Vert* est consacré; mais il n'a pas de sens. Le véritable ne saurait être que *Vair-Vert*. *Vair* signifie petit gris. Le nom de *Vair-Vert* convient parfaitement à un perroquet, dont les deux nuances, Vair et Vert, forment la couleur ordinaire.

*Cependant l'ex-novice des jésuites avait fait son entrée dans les salons. Il y fut très accueilli. Le bruit qu'on venait de répandre autour de son nom était une excellente recommandation. C'était l'âge de la conversation. Il n'en manquait pas. Voltaire fait allusion à cela quand il l'appelle petit badin. Les gens de lettres n'étaient plus, comme chez les grands du siècle de Louis XIV, des intrus qu'on recevait par condescendance, qu'on admettait par tolérance à prendre part à la vie mondaine. Ils régnaient maintenant ; ils distrayaient cette noblesse oisive qui avait déserté ses manoirs de province, non pour faire campagne mais pour venir s'ennuyer à Paris et à Versailles, où le luxe, le désœuvrement, des fonctions domestiques dans la maison du roi et des princes, emplissaient ses journées. Elle faisait naturellement plus de cas d'un homme d'esprit que d'un grand seigneur. C'était une puissance. La domination de l'opinion était inaugurée. C'étaient dans les salons de la noblesse et de la robe que s'élaboraient les nouveaux principes, tout cet ensemble de doctrines qui devaient aboutir à l'effondrement de l'ancien régime.*

*Gresset n'était point apte à collaborer à ce plan et n'y songeait d'aucune façon. On ne le lui demandait pas. Il intéressait par sa naissante renommée et lui-même avait d'autres visées que celles de fronder. Il venait voir comment le monde était fait. Il n'avait eu auparavant, comme sujets d'étude, que les couvents et les écoles. Ses projets d'avenir littéraire lui faisaient une obligation d'étendre le champ de ses observations. Il ne rêvait à rien moins qu'à aborder la scène. Il se rendait compte de la difficulté. Il n'avait qu'un savoir classique assez* limité ; il se mit au courant des écrits à la mode, des idées en vogue, du langage des grands, des tendances et des aspirations de cette cohue mondaine et affairée, qui était le public ordinaire des théâtres. Il fréquenta d'ailleurs l'Opéra, la Comédie-Française et se crut tout de suite capable d'être un auteur dramatique. C'était de la présomption. D'ailleurs les connaissances préliminaires, qu'il se flattait d'avoir acquises en un clin d'œil, ne suffisaient pas. L'échec de sa tragédie d'Édouard III (1740) ne tarda pas à le lui démontrer. La vigueur et le sens tragiques lui faisaient défaut. Le contraire eût été surprenant. S'il avait eu l'étoffe d'un poète tragique, il n'aurait pas été le chantre de Ver-Vert. La plaisanterie spirituelle et les passions violentes de la tragédie ne vont pas ensemble. Il ne se faisait, d'autre part, aucune idée du savoir historique nécessaire au succès de la pièce. Il n'était pas seul dans ce cas au XVIIIe siècle. L'étude des milieux historiques était étrangère à cette génération. Voltaire, qui a écrit cinquante volumes d'histoire, ne l'avait pas lui-même. Une pièce mixte, Sidney, essai de drame avant que le drame existât, ne reçut pas un meilleur accueil.

Gresset ne s'entêta point. Il renonça vite à la tragédie. La comédie promettait de mieux convenir à son tempérament. Sa tentative, en effet, fut mieux récompensée par l'évènement. Il n'était de la trempe ni de Molière ni de Regnard. Il n'avait pas la puissance de l'action, la seule indispensable au théâtre ; il n'avait pas non plus celle d'esquisser un caractère. Pourtant le Méchant (1747) est resté au répertoire, et s'il n'a pas eu le retentissement de Ver-Vert, ce n'en est pas moins le chef-d'œuvre de Gresset et son véritable titre devant la postérité. L'intrigue est pauvre, l'action lente, froide, contournée, le comique absent ou à peu près, les personnages d'une physionomie débile. En revanche, ils sont bien observés ; ils parlent une bonne langue, précise, claire, sensée, telle qu'on l'aimait au XVIII$^e$ siècle et que les gens d'un goût cultivé l'aiment toujours. Gresset, en outre, se montra moraliste et les maximes disséminées dans le Méchant sont ce qui a survécu de la pièce, qu'on représente peu, mais qu'on lit avec plaisir. « Il ne lui a manqué, dit un critique moderne, qu'une parcelle de plus de ce feu sacré qui fait le génie. Du moins, il est de ceux qu'on nomme immédiatement après les maîtres. »

Il est de ceux qu'on nomme immédiatement après les maîtres et le Méchant est une pièce qu'on cite et qu'on citera longtemps. Ce n'est pas parce qu'il a manqué à Gresset une parcelle du feu sacré qu'on appelle le génie. Il n'en a pas une parcelle ; il est étranger à l'émotion et à la force. Il est goguenard, satirique, plaisant : il sait condenser une poignée de sens commun dans un beau vers. En cela consistent le mérite du Méchant et le crédit qu'il conserve. Gresset est un moraliste, c'està-dire qu'il démêle le vrai du faux dans la comédie de l'existence, ramène les illusions de la mise en scène à la réalité mesquine et souvent laide, place sans hésiter le doigt sur les motifs des actes qu'il a sous les yeux, scrute et comprend à un signe à quoi il faut rapporter la conduite de quelqu'un dans une circonstance donnée. C'est par là que le théâtre est parfois une chaire, ou si l'on veut une école, que le poète dramatique peut s'élever à la dignité d'un professeur de morale et réalise la maxime d'Horace : castigat ridendo mores. *De plus, l'auteur du* Méchant *est précis, ou plutôt concis. Il sait enfermer un fait dans un vers sobre, facile à retenir. Cinquante vers de sa comédie du* Méchant *ont passé en proverbes. Les contemporains les savaient tous par cœur. Il y en a quelques-uns qu'on sait encore ; ce sont ces vers de moraliste qui font aujourd'hui relire le* Méchant *avec plaisir. A la scène la pièce est devenue grise ; on y assiste comme à une pièce classique, par acquit de conscience plus que par récréation. Les vers du* Méchant *restés à l'état de proverbes ne sont pas des proverbes banals. On les cite constamment dans la conversation, la plupart du temps sans savoir au juste d'où ils viennent. Il y en a plusieurs qui ne dépareraient pas le livre de La Rochefoucauld, celui-ci entre autres :*

L'esprit qu'on veut avoir gâte celui qu'on a.

*Et le suivant :*

Je vais où l'on me plaît ; je pars quand on m'ennuie.

*Quelques-uns ont des prétentions à la méchanceté :*

Quant aux amis, crois-moi ; ce vain nom qu'on se donne
Se prend chez tout le monde et n'est vrai chez personne.

*Il arrive même à Gresset d'avoir un grain de mélancolie, ce qui est une anomalie dans sa bouche :*

Tout vous paraît charmant ; c'est le sort de votre âge.

*N'en déplaise au lecteur, le méchant, c'est Gresset. Il a voulu se peindre. Ce n'est qu'un méchant de contrebande.*

*Il confond la méchanceté avec la malice. A son compte, La Fontaine serait le plus méchant homme du monde. Encore sa malice n'a-t-elle que de la médisance anodine. Il la résume en ces deux vers :*

Tout le monde est méchant et personne ne l'est ;
On reçoit et l'on rend. On est à peu près quitte.

*Et c'est ce qu'il faisait quand il entendait calomnier Ver-Vert :*

Un tel est très méchant, vous diront-ils tout bas.
Et pourquoi ? c'est qu'il a tout l'esprit qu'ils n'ont pas.

*Bref, la méchanceté de Cléon, le héros de la pièce, se borne d'ordinaire à faire des mots à intention blessante ou équivoque. La bonhomie naturelle de Gresset ne parvient pas à aller plus loin.*

*Le succès de bon aloi obtenu par* le Méchant *ouvrit à Gresset les portes de l'Académie française, où il remplaça Danchet (1748). Il était dès lors un personnage considérable dans les lettres, bien vu à la cour, accusé d'intrigue seulement par ceux qui voyaient sa fortune de mauvais œil. Le fait est que, n'ayant pas dans sa valeur d'écrivain et de poète déjà célèbre une confiance qu'il aurait dû avoir, il avait consenti, afin d'entrer à l'Académie, à solliciter les bonnes grâces de M<sup>me</sup> de Pompadour. La maîtresse royale, sans vouloir précisément se l'aliéner, essaya de les lui faire attendre. C'était par le frère de M<sup>me</sup> de Pompadour que Gresset avait entrepris de gagner sa faveur. M<sup>me</sup> de Pompadour répond à M. de Marigny, son frère, qui lui avait sans doute écrit* dans l'intérêt du candidat à l'Académie : « Je vous assure, mon frère, que j'ai dit à M. Gresset que je ne dirai pas un mot pour lui, attendu que je m'intéresse pour l'abbé Leblanc ; je crois les places de l'Académie décidées dans le moment présent ; qu'il se tienne tranquille et je lui promets qu'à la première vacante je m'emploierai pour lui avec les voix des personnes de l'Académie que je connois. C'est un homme sage et vertueux, mais qui a peu d'amis. »

Il avait plus d'amis que Mme de Pompadour ne pensait, car il fut élu malgré son opposition (2 mars 1748). Il était clair qu'il arrivait à l'Académie comme auteur de charmants poèmes qui n'avaient de satirique que l'écorce, et par le Méchant, qui avait montré en lui le premier poète comique qu'il y eût. Il sembla regretter d'être parvenu à la renommée par ce chemin de la satire. Dans son discours de réception à l'Académie, il s'accuse de légèreté ; il annonce le désir de remplacer « des essais passagers par des travaux durables ». Danchet lui est un exemple à imiter, dit-il, comme s'il n'avait pas deux ou trois fois le mérite de Danchet, qui n'a laissé de nom que dans l'histoire de la littérature. Danchet, à entendre Gresset, est un stoïque ; il n'a déshonoré l'usage de son esprit « par aucun abus de la poésie, caractère si rare dans l'art dangereux qu'il cultivoit et où le talent ne doit pas être plus estimable par les choses même qu'il produit que par celles qu'il a le courage de se refuser ». La poésie ne doit être que l'interprète de la vérité et de l'honneur, la langue de la sagesse et de l'amitié, le charme de la société. Il loue Danchet d'avoir été l'ennemi du genre satirique « dont l'art est si facile et si bas, » de ne s'être pas attaqué comme l'historien de Ver-Vert à la religion, « audace dont tout le mérite est en même temps si coupable et si digne de mépris ». Au fait, « il n'est pas toujours vrai qu'on se peigne dans ses ouvrages ». C'est la malheureuse destinée de quelques écrivains « qui ne prétendoient qu'à la célébrité ». On ne reprendra pas Gresset à ce jeu-là. Il est désormais le panégyriste de la société officielle. Il est reçu à Versailles; il compose des comédies pour le théâtre de la cour. On lui en attribue deux : l'Esprit à la mode et l'École de l'amour-propre, qui ne furent pas jouées, sans qu'on sache pour quel motif.

La réception de Gresset à l'Académie française est la date d'une crise dans sa vie. Au sortir de chez les jésuites, il avait eu la velléité de frayer avec les philosophes. Ils étaient les maîtres des salons et de l'opinion. Il avait un puissant intérêt à se concilier leur bienveillance. Il n'était pas précisément des leurs : il avait besoin d'eux; par ambition plus que par goût, il s'en était donc rapproché. Ils lui avaient fait accueil. Dans leur petite armée, il était arrivé à être plus qu'un simple soldat. On ne lui avait marchandé ni les éloges ni les avances et il était vaniteux. Il n'avait pas non plus de conviction assise; il cédait à l'entraînement de l'heure actuelle. Les philosophes, c'étaient d'ailleurs les grands et les grands attiraient Gresset qui avait sa carrière à faire, comme la lumière attire les mouches. On l'avait mis en relation avec Frédéric, encore prince royal de Prusse. L'amitié de Frédéric le flattait. Lors de l'avènement du prince à la couronne (1740), il lui avait envoyé une ode, à laquelle le nouveau roi avait répondu par *une autre où il cassait un peu l'encensoir sur le nez du poète :*

Dont les vers harmonieux, élégants sans parure,

*faisaient les délices de la philosophie. Frédéric devait témoigner plus tard, par sa conduite comme par ses propos, combien les Welches lui étaient odieux, ou combien il en était jaloux, comme on voudra. En 1740, il n'en était pas venu au dénigrement de tout ce qui était français, hommes, institutions et choses, bien qu'il se moquât déjà de Fleury, qu'il appelait un Machiavel en cornette. La langue des Welches lui plaisait beaucoup. Il l'avait installée dans son Académie de Berlin dont il avait fait une Académie de langue française. Et puis, il sentait l'appui qu'il pouvait tirer de la France et surtout de ses écrivains, qui donnaient le ton à l'opinion en Europe, et nul autant que lui n'a eu souci de plaire à l'opinion. Aussi, dans sa réponse à l'épître de Gresset, y a-t-il autant de flatterie à l'adresse de la France que de son correspondant :*

> Au centre du bon goût, dans la nouvelle Athène,
> Tu moissonnes en paix la gloire des talents,
> Tandis que l'univers, envieux de la Seine,
>     Applaudit à tes chants.
> Berlin en est frappée ; à sa voix qui t'appelle
> Viens des muses de l'Elbe animer les soupirs,
> Et chanter aux doux sons de ta lyre immortelle
>     L'amour et les plaisirs.

*Gresset n'avait pas trouvé bon de s'expatrier. En vain on l'avait nommé membre de l'Académie de Berlin ; en vain on lui avait offert une pension et des honneurs. Il n'était pas allé à Berlin, mais il avait versé du côté des encyclopédistes. Il y en a un indice significatif dans un poème intitulé* l'Abbaye, *qu'il composa dans cette occurrence, qu'il détruisit plus tard, mais dont il subsiste d'assez longs fragments, signalés par François de Neufchâteau. Le poème paraît être de* 1741. *Le style en est violent, au point de faire douter qu'il puisse être l'œuvre de Gresset. L'abbaye décrite par le poète est un paradis terrestre. Les bois et les prés qui l'entourent lui font une ceinture digne des* Mille et une Nuits. *Son revenu est immense. A qui ces biens sont-ils destinés? A un scélérat de moine :*

> Un obscur et pesant reptile,
> Un être platement tondu,
> Simulacre ignare, imbécile,
> De la terre poids inutile ;
> Un moine, épais et lourd cafard
> Qu'ébaucha le ciel au hasard.

*L'heure ne tardera pas à venir où les richesses de ces fainéants de moines seront distribuées aux honnêtes citoyens. Après cela, il n'est pas impossible que François de Neufchâteau ait remanié les fragments du poème qu'il a eu à sa disposition. Ils sont, dans tous les cas, peu d'accord avec la modération habituelle du langage de Gresset. M. de Pongerville, très favorable à la mémoire du poète qui était son compatriote, profite de l'occasion de* l'Abbaye *pour le juger en homme qui le connaît de près : « La triste satire de Gresset, dit-il*[1], *dénuée de talent,*

---

1. Article de la *Biographie générale* Didot, plusieurs fois citée par nous.

semble un prélude aux imprécations révolutionnaires de 93. On souffre de cet abaissement de pensée et l'on aurait peine à comprendre les palinodies d'un écrivain élégant, judicieux et modéré, si l'on ne savait que les défauts de l'esprit viennent de ses qualités; ses perceptions vives et profondes se soumettent à l'influence des objets qui l'entourent, et, comme un miroir, l'esprit en reflète les images. Ainsi Gresset, professeur novice, exprime avec une juvénile élégance les plaisanteries de collège; demi-jésuite, il se montre écrivain adroit et fin; homme du monde, il en prend la grâce et le bon goût. Philosophe avec les philosophes, courtisan à la cour, misanthrope dans la solitude, il se renferme dans un cercle étroit, partage les travers de province, et se courbe dévotement sous l'influence d'un rigide prélat. »

Eh bien! oui. Les opinions de Gresset tournent à tous les vents, suivant les exigences de sa situation et des personnes parmi lesquelles il est appelé à vivre. Il n'en a pas au fond; il est à la merci des circonstances, de ses amis, de la mode, des nécessités de son avancement. Il est la fidèle image de son héros Ver-Vert. Dans la familiarité attentive des nonnes du couvent de Nevers, le perroquet est gentil, parle une langue à la fois molle et ascétique. Les sœurs de Nantes désirent considérer de près cette merveille confite en dévotion joyeuse. On l'envoie de Nevers à Nantes par les bateliers de la Loire. En route, Ver-Vert apprend la langue du bord, moins dévote que celle des nonnes :

Bien vite il sut jurer et maugréer
Mieux qu'un vieux diable au fond d'un bénitier.

*A Nantes, on est stupéfait et affligé du genre d'érudition que les bateliers de la Loire lui ont donnée :*

> Jurant, sacrant d'une voix dissolue...
> Les jeunes sœurs crurent qu'il parlait grec.

*On renvoie le misérable à Nevers, et là il reprend au bout de quelques jours son langage mielleux et ascétique. On en est ravi ; on lui prodigue les bonbons au point qu'il en meurt d'indigestion. Gresset ne fait pas autrement. Chez les jésuites d'Amiens, c'est un néophyte pieux et doux, qui promet d'être l'honneur de l'institut. Plus tard il s'émancipe, comme il arrive souvent, au contact des événements ; il écrit* Ver-Vert, la Chartreuse, le Lutrin vivant. *Dans le monde philosophique, il devient pis. Le chantre de* l'Abbaye *aurait scandalisé Diderot, qui n'était pas facile à scandaliser. Le roi de Prusse le félicite, Voltaire le complimente. On le croit acquis à l'Encyclopédie. Pas du tout. Les gens de cour, le milieu académique, les idées officielles le prennent. C'est là qu'il en est, lors de sa réception à l'Académie française, et dans son discours d'apparat il fait amende honorable. Il n'a pas rompu avec Frédéric à qui il adresse encore une ode en* 1750, *avec qui il demeure en correspondance. Mais son retour à Amiens parmi les souvenirs de son enfance et un monde de fonctionnaires et de bourgeois, accoutumés au respect du pouvoir et des croyances établies, achève bientôt de le convertir. Il ne sortira plus de cette disposition intérieure, d'ailleurs conforme à tous ses instincts. A Amiens, il rapporte une patente royale fondant une académie don  Gresset se défend d'être président* (1750). *Il n'en veut être que l'associé. Puis il* épouse une femme du cru (1751), M<sup>lle</sup> Galland, *parente de l'orientaliste, traducteur des* Mille et une Nuits, *personne grave, d'un certain âge, de mœurs austères et pieuses. Les officiers du roi, le duc de Chaulnes, gouverneur de Picardie, l'évêque, l'abbé d'Orléans de La Motte, la famille elle-même de Gresset, tout un petit monde royaliste et ami de l'Église, lui font un entourage propre à le confirmer dans ses idées nouvelles.*

*Tout à l'heure il abjurera, entre les mains de M<sup>gr</sup> de La Motte, son titre d'auteur dramatique, demandera en vers pardon à la sainte Vierge d'avoir fait des comédies. Si bien que Voltaire se mettra en colère et lui décochera ces vers en guise d'adieu que lui font les philosophes :*

>Gresset, doué du double privilège
>D'être au collège un bel esprit mondain
>Et dans le monde un homme de collège,
>Gresset, dévot, jadis petit badin,
>Sanctifié par ses palinodies,
>Enfin prétend avec componction
>Qu'il composa jadis des comédies
>Dont à la Vierge il demande pardon :
>Gresset se trompe ; il n'est pas si coupable.

*Il était au moins coupable du* Méchant, *comédie fort au-dessus des moyens de Voltaire, dont le chef-d'œuvre en ce genre est* Nanine *dont le nom lui-même serait perdu si Voltaire n'en était pas l'auteur. Gresset ne fit pas attention à la colère du patriarche de Ferney et des philosophes qui le traitaient de renégat. Il s'était fixé dans une vallée voisine de sa ville natale. Il ne sortait de sa retraite champêtre qu'à de longs intervalles. Quelques amitiés qu'il cultivait à Amiens en étaient l'occasion.*

*De loin en loin il venait à Paris, assister à quelque solennité académique. Il y en eut une en 1754 qui lui fit encourir la disgrâce du roi. Son retour aux principes religieux de sa jeunesse lui avait donné du zèle. Ce zèle, dans une réponse faite à d'Alembert, l'avait entraîné trop loin. Ce n'était point aux philosophes qu'il s'était attaqué publiquement ; c'était aux évêques « qui se dispensent de résider, et qui regardent leur devoir comme un ennui, promenant leur inutilité dans la mollesse et rampant à la cour, en y traînant de l'ambition sans talent et de l'intrigue sans affaires ». Chargé, comme directeur de l'Académie, de présenter au roi plusieurs discours prononcés au palais Mazarin, quoiqu'il eût retranché les paroles malencontreuses qu'on lui reprochait, Louis XV lui tourna le dos, sans répondre un mot à sa harangue.*

*Gresset, très sensible à ce procédé, se confina définitivement dans sa thébaïde et ne revint pas à Versailles jusqu'à la fin du règne. Sa ferveur religieuse redoubla. L'intimité dans laquelle il vivait avec l'évêque d'Amiens y aidait bien un peu.*

*C'est à ses pieds, en 1759, que Gresset abjure le culte de Thalie et exprime « le regret de ne pouvoir point assez effacer le scandale qu'il avoit donné à la religion par ses comédies ». Il rétracte solennellement « tout ce qu'il a pu écrire d'un ton peu réfléchi dans les bagatelles rimées dont on avoit multiplié les éditions sans qu'il eût jamais été dans la confidence d'aucune ». Il se repent donc d'avoir écrit* Ver-Vert *et* le Lutrin vivant, *de même que* le Méchant, *et l'aveu qu'il fait de n'avoir été dans la confidence d'aucune édition de ces petits poèmes explique l'incertitude du texte qu'on en possède et en particulier le titre incorrect de* Ver-Vert, *titre maintenant consacré par l'usage.*

*Quant à la comédie, c'est un art dangereux. Ce fut la publicité donnée à ce désaveu de ses œuvres de jeunesse, et de son consentement, qui excita au plus haut degré l'indignation du parti encyclopédiste devenu une puissance dans l'État. On lit à ce sujet dans la Correspondance de Voltaire, à l'année* 1759 : « *Et ce polisson de Gresset, qu'en dirons-nous ? quel fat orgueilleux ! quel plat fanatique !* » *Cela signifie que Voltaire n'est pas content, que l'exemple offert par Gresset l'a atteint au vif. Un ennemi n'est pas à ménager. Voltaire déclare que* Ver-Vert *et la* Chartreuse *sont des ouvrages tombés.*

*Dans la voie où il était engagé, Gresset ne s'arrête pas. Il brûle un grand nombre de ses ouvrages encore inédits, parmi lesquels trois comédies :* l'Esprit à la mode, le Secret de la comédie *et* le Monde tel qu'il est. *Le plus étendu des ouvrages ainsi jetés au feu est à ce qu'on suppose* l'Abbaye. *L'auteur n'écrivait donc plus ? Il écrivait autant qu'auparavant, mais plus dans le même sens. Cependant, il ne publiait guère. Il se bornait à quelques lectures faites dans l'intimité. En* 1767, *il lut dans une séance de l'académie d'Amiens* le Parrain magnifique, *poème d'ailleurs médiocre, édité par Renouard en* 1810, *mais dans lequel on rencontre des morceaux dignes de* Ver-Vert *et du* Méchant. *On a souvent cité les vers suivants qui en sont extraits :*

        Reine des songes de la vie
        Heureuse imagination,

Pourquoi sur tes bienfaits répandre le poison
D'une sombre mélancolie ?

*Il avait aussi ajouté deux chants à* Ver-Vert. *L'un, intitulé* les Pensionnaires, *devait être le troisième dans le nouvel ordre adopté par lui ; l'autre, intitulé* l'Ouvroir ou le Parloir de nos sœurs, *devait être le quatrième. Ils étaient évidemment d'une époque où Gresset avait un pied dans l'école encyclopédique et ils ne faisaient point partie de l'auto-da-fé dont il a été question tout à l'heure, car il lut* le Parloir de nos sœurs *à l'académie d'Amiens en* 1759, *et le relut à la cour en* 1774, *à l'occasion de l'avènement de Louis XVI. Pourtant* les Pensionnaires *et* l'Ouvroir *sont perdus.*

*La faveur du nouveau roi indemnisa Gresset de l'éloignement que lui avait témoigné Louis XV. Cet éloignement n'avait pas été une disgrâce complète. Il avait conservé une pension sur la cassette du roi, une autre sur* le Mercure. *On l'avait nommé poète de la ville de Paris, et à ce titre singulier il recevait du prévôt des marchands un don annuel de cinq mille livres, ce qui était une somme considérable. Il était le poète le mieux renté du royaume. Mais l'accession de Louis XVI à la couronne lui valut davantage. On lui délivra des lettres de noblesse ; il fut chevalier de l'ordre de saint Michel. Monsieur, frère du roi, depuis Louis XVIII, créa à son intention une charge d'historiographe de l'ordre de Saint-Lazare, ce qui était une sinécure enviée et donna lieu à de vives récriminations. De sorte que la fortune, en définitive, ne lui avait rien refusé de ce qu'elle pouvait accorder à un homme de sa condition. Le bien-être, les* honneurs, l'estime du prince, la considération des lettrés, de l'Académie, de ses concitoyens de Picardie, lui laissaient peu de chose à désirer.

Il avait néanmoins à se plaindre d'un grain de sable. L'incident est de sa nature fort piquant. Il était resté inconnu aux biographes de Gresset. Il est rapporté par M. de Beauvillé dans les Poésies inédites. Le poète avait des envieux à Amiens. Ils ne voulaient pas croire que Frédéric II lui fît l'honneur d'être son correspondant et faisaient courir le bruit que c'était une vanterie de sa part. Gresset, très froissé, réunit une commission. Longuerue[1] avait conservé le brouillon d'une instruction laissée par Gresset à ce sujet : « Envoyer la lettre du roi de Prusse à M$^{me}$ la marquise de Chaulnes ; elle vérifiera avec M. Chambrier. Ensuite de quoi, la prier d'écrire à M. Galland qu'elle a su tous les mauvais bruits que la sottise et la jalousie des Picards ont fait courir sur mon compte ; qu'elle a bien voulu vérifier elle-même avec M. l'ambassadeur au roi de Prusse, et que toutes les lettres en question sont de la main même de Sa Majesté. »

Ces misères provinciales n'étaient que de légers nuages dans une existence sereine. De fait, il jouissait d'un repos conforme à son goût, à sa modestie, du repos assaisonné de l'amitié dans un intérieur paisible. Un autre agrément de sa retraite était la renommée à laquelle il était sensible, plus éclatante en province qu'elle n'eût été à Paris, où il y en a d'autres à côté, où l'encens est par-

---

1. Longuerue, neveu de Gresset, avait recueilli beaucoup de papiers autographes de son oncle ; il avait l'intention d'en publier une partie, dessein qu'il n'a pas exécuté.

tagé, et par suite moins abondant. Les mauvais propos de quelques envieux n'étaient point de nature à entamer profondément la quiétude ordinaire de sa vie.

Il mourut brusquement le 16 juin 1777, de la rupture d'un abcès dans la poitrine, et sans laisser de postérité. Il fut enterré avec pompe et l'on grava sur sa tombe cette épitaphe copiée par Millin[1] :

†

DOM

ICI REPOSE LE CORPS DE
MESSIRE JEAN-BAPTISTE-LOUIS GRESSET
CH<sup>r</sup> DE L'ORDRE DU ROI, HISTORIOGRAPHE
DE L'ORDRE ROYAL ET MILITAIRE DE SAINT
LAZARE, L'UN DES QUARANTE DE L'ACADÉMIE
FRANÇOISE, HONORAIRE DE CELLES DE
BERLIN ET D'AMIENS, DÉCÉDÉ LE 16 JUIN 1777
AGÉ DE 69 ANS
PRIEZ DIEU POUR LE REPOS DE SON AME.

Entre les deux dernières lignes sont gravées les armes du poète : de gueules au chevron de sable. Sa pierre tombale est aujourd'hui placée dans le dallage de la partie nord du transept de la cathédrale d'Amiens.

Une feuille du temps[2] qui n'était inféodée à personne et le voyait sous le jour où il apparaissait aux indifférents, c'est-à-dire au public en général, le juge d'une façon qu'on peut encore accepter. « Ce poète, dit le rédac-

---

1. *Magasin encyclopédique*, t. I<sup>er</sup>, p. 108, année 1795.
2. *L'Espion anglais*, t. VI, p. 253, lettre XII.

*teur de* l'Espion anglais, *d'un caractère original, fera toujours honneur à la France, et l'amabilité répandue dans ses écrits qui portoient tous ceux qui le lisoient à s'intéresser à sa personne et à désirer d'être de ses amis, l'a fait regretter infiniment. Or on se plaît à causer de sa douleur et à en perpétuer le souvenir par tous les détails qui rendent sa mémoire précieuse; mais il n'est pas toujours aisé de les recueillir et Gresset vivoit depuis si longtemps dans la retraite et sans relations avec la capitale, que j'ai eu toutes les peines du monde à recueillir sur lui quelque notice légère... Tout le monde sait que Gresset avoit commencé par être jésuite, mais ce que peu de gens ont observé, c'est qu'il est le premier jésuite qui ait fait des vers françois dignes d'un homme du monde. On ne croiroit jamais que* Ver-Vert *fût né dans un cloître; on sent dans* la Chartreuse *et dans les* Ombres *cette philosophie douce et aimable dont M. de Voltaire seul fournissoit alors des modèles dans ses pièces fugitives; aussi l'envie se déchaîna-t-elle bientôt contre un mérite d'une espèce nouvelle dans l'ordre.* »

Ceci est de trop. Ce n'est pas de l'institut des jésuites que lui vinrent les persécutions. L'Espion avance que le héros du Méchant aurait été le marquis de Vintimille, et « *celui-ci ne s'en défendoit pas beaucoup; il déclara qu'à quelques traits près, moins dans le genre du méchant que du scélérat, il n'auroit pas été fâché de ressembler à Cléon* ». Il est probable que Gresset n'a pas eu souci du marquis de Vintimille, bien qu'il l'ait laissé dire. Il a pris un peu partout et accroché ses observations personnelles, comme font les dramaturges, au caractère qu'il avait en vue de portraire.

*Sa nomination à l'Académie française, s'il faut en croire* l'Espion, *aurait donné lieu à cette épigramme de Piron :*

> En France, on fait par un plaisant moyen
> Taire un auteur qui d'écrits nous assomme.
> Dans un fauteuil d'académicien,
> Lui quarantième, on fait asseoir mon homme :
> Puis il s'endort et ne fait plus qu'un somme ;
> Plus n'en avez phrase ni madrigal ;
> Au bel esprit, le fauteuil est en somme
> Ce qu'à l'amour est le lit conjugal.

*L'*Espion *ajoute que, par une fatalité singulière, la prophétie de Piron se réalisa dans le cas de Gresset. Sa langue trop aiguisée lui avait occasionné des déboires de plus d'une sorte : il devint circonspect. Il renonça au théâtre, sinon à la culture des lettres. On a contesté la sincérité de sa conversion. Il briguait l'emploi de précepteur « du feu duc de Bourgogne ». On ne connaît aucun fait précis qui autorise cette conjecture et l'*Espion *avoue que la constance du poète dans son attitude de converti, n'est pas propre à justifier chez lui le soupçon d'hypocrisie. L'*Espion *raconte et commente l'aventure arrivée à Gresset en* 1774. *Il s'agit d'un discours relatif à l'Influence des mœurs sur le langage, prononcé dans une séance de l'Académie française durant un court séjour que Gresset fit à Paris. Peut-être voulait-il flatter la dévotion connue de Louis XVI, par une sortie contre les encyclopédistes et la décadence du talent provoquée par l'effet de leurs doctrines. Gresset, courbé sous le poids des ans, n'avait plus la touche spirituelle et légère de sa jeunesse. Il ânonna, « fit une caricature, dit d'Alembert,* que le public vit avec douleur, mais avec un silence respectueux ». L'Espion *insiste sur les suites de cet échec. Gresset lui aurait dû la perte de sa réputation. C'était un hasard; le sort l'avait désigné comme directeur de l'Académie :* « Il profita de cette occasion pour épancher sa bile sur les ridicules et les vices qui l'avoient révolté à son arrivée dans cette capitale. Mais ce n'étoit plus le même peintre; il fit des caricatures et non des portraits. Il avoit perdu le point de vue de l'optique et son exemple prouva qu'il faut vivre dans le grand monde pour le bien saisir et en rendre des tableaux avec ces traits propres, ces couleurs locales qui varient continuellement. » *Est-ce que Gresset vivait dans le monde quand il écrivit* Ver-Vert ? *L'âge l'a affaibli; il n'a plus le pinceau de jadis, voilà tout.*

L'Espion *cite quatre vers de l'un des deux chants perdus que Gresset voulait ajouter à* Ver-Vert :

> L'une découpe un agnus en losange,
> On met du rouge à quelque bienheureux,
> L'autre bichonne une Vierge aux yeux bleus
> Ou passe au fer le toupet d'un archange.

*Ils auraient avantageusement figuré dans* Ver-Vert.

L'Espion *regrette la destruction du poème de l'Abbaye; heureusement, il laissé un autre poème intitulé* le Gazetin. *Enfin il termine par un distique latin en guise d'épitaphe de l'auteur de* Ver-Vert :

> *Hunc lepidique sales lugent, veneresque pudicæ,*
> *Sed prohibent mores ingeniumque mori.*

*A cent ans de distance, on ne saurait avoir qu'une*

*idée très imparfaite de la réputation dont Gresset a joui de son vivant et qu'il a gardée intacte jusqu'à l'avènement de l'école romantique vers* 1820. *L'école romantique a enterré la plupart des écrivains du* XVIIIe *siècle, au milieu des huées et des imprécations. Gresset est une de ses victimes. On a fait depuis quelques éditions de ses œuvres choisies ; sa personne n'a été l'objet d'aucune étude. Lorsqu'il mourut, une légion d'historiens se mit à dépecer sa mémoire. Il en a eu autant que Machiavel ou Frédéric II. Il suffira d'en citer quelques-uns. Ce sont, par ordre chronologique :* 1º Vie de Gresset *par le père Daire,* 1 *vol. in-*12, *Paris, Berton,* 1779 ; 2º Éloge de Gresset *par Diannyère,* 1 *vol. in-*8º, *Paris,* 1784 ; 3º Éloge de Gresset *par Noël,* 1785 : *cet éloge a obtenu le prix proposé par l'académie d'Amiens en* 1785 ; *un deuxième mémoire non couronné, et signé d'un avocat au parlement, est dû, à ce que l'on croit, à Maximilien Robespierre, qui n'était pas alors aussi célèbre qu'il l'est devenu ;* 4º Éloge de Gresset *par Mérard de Saint-Just,* 1 *vol. in-*12, *Paris et Londres,* 1785 ; 5º Éloge de Gresset *par Bailly,* 1 *vol. in-*8º, *Genève* 1785 ; 6º Essai historique sur la vie et les ouvrages de Gresset *par Louis de Cayrol,* 2 *vol. in-*8º, *Paris et Amiens,* 1845, *avec portrait.*

*On peut consulter de plus, outre plusieurs notices placées en tête de diverses éditions des œuvres, un article intéressant de Sainte-Beuve dans* la Revue des Deux Mondes, *nº du* 15 *septembre* 1845, *la biographie de Gresset par Laporte dans la* Biographie universelle *de Michaux, et surtout celui que M. de Pongerville lui a consacré dans la* Biographie générale Didot.

## II

*Il y a peu d'écrivains de notre langue qu'on ait autant lu et réédité que Gresset. Dans l'impossibilité matérielle de fournir ici une bibliographie complète de ses œuvres, nous nous contenterons d'indiquer les éditions originales de ses principaux écrits, et les meilleures éditions de ses œuvres collectives, dans l'ordre chronologique où elles ont paru.*

### VER-VERT.

*Ver-Vert,* poème en quatre chants, 1 vol. in-12. La Haye, Guillaume Niégeard, 1734. Cette édition, qui est la première, ne contient que 655 vers.

*Ver-Vert,* poème en quatre chants, 1 vol. in-12. La Haye, Guillaume Niégeard, 1735. Ceci est la seconde édition. Elle renferme 703 vers. Les éditions postérieures, à partir de 1735, en ont 715. Quelques-unes méritent une mention :

*Ver-Vert,* ou *les Voyages du perroquet de Never*, poème héroïque. Amsterdam, 1735, 1 vol. in-12.

*Ver-Vert* avec la traduction en vers latins, 1 vol. in-8°. Paris, d'Houry, 1752.

*Ver-Vert,* traduit en vers latins (par Thévenot) avec le texte en regard, suivi de la traduction en vers français de la paraphrase huitième (*sic*) par Théod. de Bèze, 1 vol. in-8° de 40 pages. Troyes. 1811.

*Ver-Vert,* poème, suivi de sa critique, comédie en un acte, du *Lutrin vivant* et du *Carême impromptu,* 1 vol. in-18 avec deux planches lithographiées. Paris, A. Leroux, 1822.

## LA CHARTREUSE.

On n'en connaît pas d'édition à part, avant celle des *Poésies* publiée à Blois en 1734. Voir plus bas.

*La Chartreuse,* épître, in-12. Amsterdam, 1736.

## LE CARÊME IMPROMPTU.

Il n'y en a pas non plus d'édition à part qui soit connue avant celle des *Poésies* (1734).

*Le Carême impromptu* et *le Lutrin vivant,* poèmes, 1 vol. in-12. Amsterdam, 1736.

*Le Carême impromptu,* imité en vers latins par M. le professeur Formage, 1 vol. in-12. Paris, Panckoucke, 1823.

## LE LUTRIN VIVANT.

La première édition connue est aussi celle des *Poésies* (1734).

*Pluteus spirans,* le Lutrin vivant, 1 vol. in-8°. Paris, 1753. Cette traduction en vers latins est de J. Desaint.

## LES OMBRES.

Voir les poésies de 1734.

*Les Ombres,* suite de *la Chartreuse,* épître, in-12. Rotterdam, 1736.

## LE PARRAIN MAGNIFIQUE.

*Le Parrain magnifique* ou la réunion de famille, poème en dix chants, œuvre posthume, 1 vol. in-8°. Paris, Ant.-Aug. Renouard, 1810.

## ÉDOUARD III.

*Édouard III,* tragédie (en cinq actes et en vers), 1 vol. in-8°. Paris, Prault père, 1740.

Il existe aussi de cette pièce deux éditions hollandaises de 1740, l'une de La Haye, 1 vol. in-12, l'autre d'Amsterdam, 1 vol. in-8°.

### SIDNEY.

*Sidney,* comédie (en trois actes et en vers), 1 vol. in-8°. La Haye, 1745, sans nom d'imprimeur.

### LE MÉCHANT.

*Le Méchant,* comédie en cinq actes et en vers, 1 vol. in-12. Paris, Sébastien Jorry, 1747 et 1748.

### ŒUVRES.

*Poésies de M. Gresset,* 1 vol. in-12. Blois, sans nom d'imprimeur, 1734.

*Œuvres poétiques,* 1 vol. in-12. Genève, Pélissari, 1742.

*Œuvres* enrichies de la critique de *Vair-Vert* (sic), quatre parties en 1 vol. in-12. Amsterdam, aux dépens de la compagnie, 1748.

*Œuvres,* nouv. édit. revue, corrigée, considérablement augmentée et donnée au public par l'auteur, 2 vol. in-12. Londres, Édouard Kelmarneck, 1758, 1762, 1765, ou Paris, 1758, 2 vol. in-12, ou Orléans, 1765, 2 vol. in-12.

*Œuvres,* 2 vol. in-16. Londres (Paris, Cazin), 1780.

*Œuvres complètes,* avec *le Parrain magnifique,* œuvre posthume du même auteur, 3 vol. in-8° avec portrait. Paris, Ant.-Aug. Renouard, 1811.

Cette édition est la meilleure et la plus complète qu'on ait des œuvres de Gresset. Le tome III, contenant *le Parrain magnifique,* est de l'édition du *Parrain magnifique* publiée l'année précédente par le même éditeur. Il existe des exemplaires de cette édition ornés de neuf gravures de Moreau le jeune; il existe aussi quelques exemplaires sur papier vélin, auxquels on a ajouté six autres gravures de Moreau le jeune.

*Œuvres choisies*, précédées d'une notice sur la vie et les ouvrages de Gresset par *Campenon*, 1 vol. in-8º avec portrait. Paris, Janet et Cotelle, 1823.

Cette édition des œuvres choisies a servi de type à celles qu'on a faites depuis.

### POÉSIES INÉDITES.

*Poésies inédites de Gresset,* précédées de recherches sur ses manuscrits, par *Victor de Beauvillé.* Paris, Claye, 1863.

*On a vu que de son vivant Gresset, par scrupule religieux, avait détruit les manuscrits de plusieurs de ses œuvres inédites. Il en avait gardé quelques-unes. Il en avait aussi communiqué d'autres, à diverses époques de sa vie, dont des copies manuscrites avaient circulé. M. de Beauvillé en a réuni ce qu'il a pu. Le butin est assez maigre. Les pièces insérées dans les* Poésies inédites *ne modifient pas sensiblement l'avoir littéraire du poète. Plusieurs de ces pièces ne manquent pourtant pas d'intérêt. Elles proviennent de trois sources différentes. Les unes étaient dans la maison de Gresset où elles furent découvertes quelques années après sa mort par de Longuerue, son neveu. Quelques autres viennent des jésuites et remontent à une époque où Gresset était un des novices de l'Institut. Les dernières, collectionnées par Renouard, ont passé de son cabinet dans celui de M. de Beauvillé.*

*L'odyssée des papiers de Gresset venant de Longuerue est fort étrange. On avait proposé à Beaumarchais d'en éditer ce qu'il y avait de bon. Beaumarchais répond, 18 juillet 1792 : «Que parlez-vous, monsieur, — il s'agit de Duméril à qui Longuerue les avait cédés, — de litté-*

*rature dans un temps déplorable où le royaume tombe en ruine?* » Sur le refus de Beaumarchais, Duméril s'adresse à Roland, alors ministre de l'intérieur. *La démarche n'eut pas de suite. Enfin, en* 1795, *l'Institut reconstitué nomme une commission chargée de faire un inventaire des manuscrits de Gresset. Un rapport de Fontanes inséré au* Magasin encyclopédique [1] *conclut favorablement. Fontanes cite une lettre de* 1750 *dans laquelle Gresset demande au roi de Prusse son portrait :* « Dans l'antre solitaire d'où je vous écris, dit-il, j'ai mes dieux, mes génies autour de moi ; ils m'enflamment, ils m'inspirent ; leurs sacrées images m'animent. Peu y sont : les créateurs des esprits, les maîtres des âmes. J'ai, parmi ces images, Homère, Virgile, Philippe, pour moi plus grand que son fils, les premiers Césars, Marc-Aurèle, Léon X, François I<sup>er</sup>, le Czar. Il manque à mes regards une image qui m'enflammera davantage. » *La commission nommée par l'Institut ne prit aucune résolution pratique.*

*La plupart des morceaux édités par M. de Beauvillé sont des scories, sauf le* Voyage à Rouen, 1733, *qui est une des fantaisies les plus amusantes de l'auteur de* Ver-Vert. *En route, le voyageur s'arrête à Gournay et se moque en ces termes des Normands du lieu :*

Les uns disoient que le roi *Tanisras*
Jamais des *Poronnois* ne deviendroit le maître,
Quoique la *Czarienne* avec le chat *Thamas*
　　Au trône voulût le remettre ;

1. T. VII, p. 381.

Non, disoit un notable, il ne le sera pas,
>> *Malgré que l'érecteur de Sasque*
>> Batte le tambour comme un Basque
>> Pour contraindre *les Palantins*
A suivre *Tanisras* sans faire les mutins.
Les autres soutenoient que bientôt de *Poronne*
>> *Tanisras* auroit la *Corone*.

. . . . . . . . . . . . . . . . .

Je leur dis que le Turc se faisoit capucin
>> Et que *le dogue* de Venise
>> Dans un vaisseau de maroquin
>> Étoit allé relever sans remise
>> >> La grande arche du pont Euxin
>> >> Qu'avoit rompue un vent de bise.

Le Voyage à Rouen *est un mélange de prose et de vers. La Fontaine et Chapelle avaient mis ce genre à la mode, et en* 1733 *Gresset avait vingt-cinq ans.*

L. DEROME.

# VER-VERT

# VER-VERT

## CHANT PREMIER

Vous, près de qui les grâces solitaires
　Brillent sans fard et règnent sans fierté ;
Vous, dont l'esprit, né pour la vérité,
Sait allier à des vertus austères
Le goût, les ris, l'aimable liberté ;
Puisqu'à vos yeux vous voulez que je trace
D'un noble oiseau la touchante disgrâce,
Soyez ma muse, échauffez mes accents,
Et prêtez-moi ces sons intéressants,
Ces tendres sons que forma votre lyre
Lorsque Sultane, au printemps de ses jours,
Fut enlevée à vos tristes amours,

Et descendit au ténébreux empire.
De mon héros les illustres malheurs
Peuvent aussi se promettre vos pleurs.
Sur sa vertu par le sort traversée,
Sur son voyage et ses longues erreurs,
On auroit pu faire une autre Odyssée,
Et par vingt chants endormir les lecteurs :
On auroit pu des fables surannées
Ressusciter les diables et les dieux;
Des faits d'un mois occuper des années,
Et, sur des tons d'un sublime ennuyeux,
Psalmodier la cause infortunée
D'un perroquet non moins brillant qu'Énée,
Non moins dévot, plus malheureux que lui.
Mais trop de vers entraînent trop d'ennui.
Les muses sont des abeilles volages;
Leur goût voltige, il fuit les longs ouvrages,
Et, ne prenant que la fleur du sujet,
Vole bientôt sur un nouvel objet.
Dans vos leçons j'ai puisé ces maximes :
Puissent vos lois se lire dans mes rimes !
Si, trop sincère, en traçant ces portraits
J'ai dévoilé les mystères secrets,
L'art des parloirs, la science des grilles,
Les graves riens, les mystiques vétilles,
Votre enjouement me passera ces traits;
Votre raison, exempte de faiblesses,
Sait vous sauver ces fades petitesses.
Sur votre esprit, soumis au seul devoir,
L'illusion n'eut jamais de pouvoir :
Vous savez trop qu'un front que l'art déguise

## Ver-Vert.

Plaît moins au ciel qu'une aimable franchise.
Si la vertu se montroit aux mortels,
Ce ne seroit ni par l'art des grimaces,
Ni sous des traits farouches et cruels,
Mais sous votre air ou sous celui des Grâces,
Qu'elle viendroit mériter nos autels.

Dans maint auteur de science profonde
J'ai lu qu'on perd à trop courir le monde ;
Très rarement en devient-on meilleur :
Un sort errant ne conduit qu'à l'erreur.
Il nous vaut mieux vivre au sein de nos lares,
Et conserver, paisibles casaniers,
Notre vertu dans nos propres foyers,
Que parcourir bords lointains et barbares ;
Sans quoi le cœur, victime des dangers,
Revient chargé de vices étrangers.
L'affreux destin du héros que je chante
En éternise une preuve touchante :
Tous les échos des parloirs de Nevers,
Si l'on en doute, attesteront mes vers.


A Nevers donc, chez les Visitandines,
Vivoit naguère un perroquet fameux,
A qui son art et son cœur généreux,
Ses vertus même, et ses grâces badines,
Auroient dû faire un sort moins rigoureux,
Si les bons cœurs étoient toujours heureux.
Ver-Vert (c'étoit le nom du personnage),

Transplanté là de l'indien rivage,
Fut, jeune encor, ne sachant rien de rien,
Au susdit cloître enfermé pour son bien.
Il étoit beau, brillant, leste et volage,
Aimable et franc comme on l'est au bel âge,
Né tendre et vif, mais encore innocent ;
Bref, digne oiseau d'une si sainte cage,
Par son caquet digne d'être au couvent.

Pas n'est besoin, je pense, de décrire
Les soins des sœurs, des nonnes, c'est tout dire ;
Et chaque mère, après son directeur,
N'aimoit rien tant : même dans plus d'un cœur,
Ainsi l'écrit un chroniqueur sincère,
Souvent l'oiseau l'emporta sur le père.
Il partageoit, dans ce paisible lieu,
Tous les sirops dont le cher père en Dieu,
Grâce aux bienfaits des nonnettes sucrées,
Réconfortoit ses entrailles sacrées.
Objet permis à leur oisif amour,
Ver-Vert étoit l'âme de ce séjour :
Exceptez-en quelques vieilles dolentes,
Des jeunes cœurs jalouses surveillantes,
Il étoit cher à toute la maison.
N'étant encor dans l'âge de raison,
Libre il pouvoit et tout dire et tout faire,
Il étoit sûr de charmer et de plaire.
Des bonnes sœurs égayant les travaux,
Il béquetoit et guimpes et bandeaux.
Il n'étoit point d'agréable partie
S'il n'y venoit briller, caracoler,

Papillonner, siffler, rossignoler :
Il badinoit, mais avec modestie,
Avec cet air timide et tout prudent
Qu'une novice a même en badinant :
Par plusieurs voix interrogé sans cesse,
Il répondoit à tout avec justesse ;
Tel autrefois César en même temps
Dictoit à quatre en styles différents.

Admis partout, si l'on en croit l'histoire,
L'amant chéri mangeoit au réfectoire :
Là tout s'offroit à ses friands désirs ;
Outre qu'encor pour ses menus plaisirs,
Pour occuper son ventre infatigable,
Pendant le temps qu'il passoit hors de table,
Mille bonbons, mille exquises douceurs,
Chargeoient toujours les poches de nos sœurs.
Les petits soins, les attentions fines,
Sont nés, dit-on, chez les Visitandines ;
L'heureux Ver-Vert l'éprouvoit chaque jour :
Plus mitonné qu'un perroquet de cour,
Tout s'occupoit du beau pensionnaire ;
Ses jours couloient dans un noble loisir.

Au grand dortoir il couchoit d'ordinaire :
Là de cellule il avoit à choisir ;
Heureuse encor, trop heureuse la mère
Dont il daignoit, au retour de la nuit,
Par sa présence honorer le réduit !
Très rarement les antiques discrètes
Logeoient l'oiseau ; des novices proprettes

L'alcôve simple étoit plus de son goût :
Car remarquez qu'il étoit propre en tout.
Quand chaque soir le jeune anachorète
Avoit fixé sa nocturne retraite,
Jusqu'au lever de l'astre de Vénus
Il reposoit sur la boîte aux agnus.
A son réveil, de la fraîche nonnette,
Libre témoin, il voyoit la toilette.
Je dis toilette, et je le dis tout bas :
Oui, quelque part j'ai lu qu'il ne faut pas
Aux fronts voilés des miroirs moins fidèles
Qu'aux fronts ornés de pompons et dentelles.
Ainsi qu'il est pour le monde et les cours
Un art, un goût de modes et d'atours,
Il est aussi des modes pour le voile;
Il est un art de donner d'heureux tours
A l'étamine, à la plus simple toile;
Souvent l'essaim des folâtres amours,
Essaim qui sait franchir grilles et tours,
Donne aux bandeaux une grâce piquante,
Un air galant à la guimpe flottante;
Enfin, avant de paraître au parloir,
On doit au moins deux coups d'œil au miroir,
Ceci soit dit entre nous en silence.
Sans autre écart revenons au héros.

Dans ce séjour de l'oisive indolence,
Ver-Vert vivoit sans ennui, sans travaux;
Dans tous les cœurs il régnoit sans partage.
Pour lui sœur Thècle oublioit les moineaux :
Quatre serins en étoient morts de rage;

Et deux matous, autrefois en faveur,
Dépérissoient d'envie et de langueur.

Qui l'auroit dit, en ces jours pleins de charmes,
Qu'en pure perte on cultivoit ses mœurs;
Qu'un temps viendroit, temps de crime et d'alarmes,
Où ce Ver-Vert, tendre idole des cœurs,
Ne seroit plus qu'un triste objet d'horreurs!
Arrête, muse, et retarde les larmes
Que doit coûter l'aspect de ses malheurs,
Fruit trop amer des égards de nos sœurs.

## CHANT DEUXIÈME

On juge bien qu'étant à telle école
Point ne manquoit du don de la parole
L'oiseau disert; hormis dans les repas,
Tel qu'une nonne, il ne déparloit pas :
Bien est-il vrai qu'il parloit comme un livre,
Toujours d'un ton confit en savoir-vivre.
Il n'étoit point de ces fiers perroquets
Que l'air du siècle a rendus trop coquets,
Et qui, sifflés par des bouches mondaines,
N'ignorent rien des vanités humaines.
Ver-Vert étoit un perroquet dévot,
Une belle âme innocemment guidée;
Jamais du mal il n'avoit eu l'idée,
Ne disoit onc un immodeste mot :
Mais en revanche il savoit des cantiques,
Des *oremus,* des colloques mystiques;
Il disoit bien son *benedicite,*
Et *notre mère,* et *votre charité,*

Il savoit même un peu de soliloque,
Et des traits fins de Marie Alacoque :
Il avoit eu dans ce docte manoir
Tous les secours qui mènent au savoir.
Il étoit là maintes filles savantes
Qui mot pour mot portoient dans leurs cerveaux
Tous les noëls anciens et nouveaux.
Instruit, formé par leurs leçons fréquentes,
Bientôt l'élève égala ses régentes ;
De leur ton même adroit imitateur,
Il exprimoit la pieuse lenteur,
Les saints soupirs, les notes languissantes
Du chant des sœurs, colombes gémissantes :
Finalement Ver-Vert savoit par cœur
Tout ce que sait une mère de chœur.
Trop resserré dans les bornes d'un cloître,
Un tel mérite au loin se fit connoître ;
Dans tout Nevers, du matin jusqu'au soir,
Il n'étoit bruit que des scènes mignonnes
Du perroquet des bienheureuses nonnes ;
De Moulins même on venoit pour le voir.
Le beau Ver-Vert ne bougeoit du parloir.
Sœur Mélanie, en guimpe toujours fine,
Portoit l'oiseau : d'abord aux spectateurs
Elle en faisoit admirer les couleurs,
Les agréments, la douceur enfantine ;
Son air heureux ne manquoit point les cœurs ;
Mais la beauté du tendre néophyte
N'étoit encor que le moindre mérite ;
On oublioit ces attraits enchanteurs
Dès que sa voix frappoit les auditeurs.

Orné, rempli de saintes gentillesses
Que lui dictoient les plus jeunes professes,
L'illustre oiseau commençoit son récit ;
A chaque instant de nouvelles finesses,
Des charmes neufs varioient son débit.
Éloge unique et difficile à croire
Pour tout parleur qui dit publiquement,
Nul ne dormoit dans tout son auditoire :
Quel orateur en pourroit dire autant?
On l'écoutoit, on vantoit sa mémoire :
Lui cependant, stylé parfaitement,
Bien convaincu du néant de la gloire,
Se rengorgeoit toujours dévotement,
Et triomphoit toujours modestement.
Quand il avoit débité sa science,
Serrant le bec, et parlant en cadence,
Il s'inclinoit d'un air sanctifié,
Et laissoit là son monde édifié.
Il n'avoit dit que des phrases gentilles,
Que des douceurs, excepté quelques mots
De médisance, et tels propos de filles,
Que par hasard il apprenoit aux grilles,
Ou que nos sœurs traitoient dans leur enclos.

Ainsi vivoit dans ce nid délectable,
En maître, en saint, en sage véritable,
Père Ver-Vert, cher à plus d'une Hébé,
Gras comme un moine, et non moins vénérable,
Beau comme un cœur, savant comme un abbé,
Toujours aimé, comme toujours aimable,
Civilisé, musqué, pincé, rangé ;

Heureux enfin s'il n'eût pas voyagé.
Mais vint ce temps d'affligeante mémoire,
Ce temps critique où s'éclipsa sa gloire.
O crime ! ô honte ! ô cruel souvenir !
Fatal voyage ! aux yeux de l'avenir
Que ne peut-on en dérober l'histoire !
Ah ! qu'un grand nom est un bien dangereux !
Un sort caché fut toujours plus heureux.
Sur cet exemple on peut ici m'en croire;
Trop de talents, trop de succès flatteurs,
Traînent souvent la ruine des mœurs.

Ton nom, Ver-Vert, tes prouesses brillantes,
Ne furent point bornés à ces climats ;
La renommée annonça tes appas,
Et vint porter ta gloire jusqu'à Nantes.
Là, comme on sait, la Visitation
A son bercail de révérendes mères,
Qui, comme ailleurs, dans cette nation
A tout savoir ne sont pas les dernières,
Par quoi, bientôt, apprenant des premières
Ce qu'on disoit du perroquet vanté,
Désir leur vint d'en voir la vérité.
Désir de fille est un feu qui dévore,
Désir de nonne est cent fois pis encore.
Déjà les cœurs s'envolent à Nevers;
Voilà d'abord vingt têtes à l'envers
Pour un oiseau. L'on écrit tout à l'heure
En Nivernois à la supérieure,
Pour la prier que l'oiseau plein d'attraits
Soit pour un temps amené par la Loire;

Et que, conduit au rivage nantais,
Lui-même il puisse y jouir de sa gloire,
Et se prêter à de tendres souhaits.

La lettre part. Quand viendra la réponse ?
Dans douze jours. Quel siècle jusque-là !
Lettre sur lettre, et nouvelle semonce :
On ne dort plus ; sœur Cécile en mourra.

Or à Nevers arrive enfin l'épître.
Grave sujet : on tient le grand chapitre ;
Telle requête effarouche d'abord.
Perdre Ver-Vert ! ô ciel ! plutôt la mort !
Dans ces tombeaux, sous ces tours isolées,
Que ferons-nous si ce cher oiseau sort ?

Ainsi parloient les plus jeunes voilées,
Dont le cœur vif, et las de son loisir,
S'ouvroit encore à l'innocent plaisir :
Et, dans le vrai, c'étoit la moindre chose
Que cette troupe, étroitement enclose,
A qui d'ailleurs tout autre oiseau manquoit,
Eût pour le moins un pauvre perroquet.
L'avis pourtant des mères assistantes,
De ce sénat antiques présidentes,
Dont le vieux cœur aimoit moins vivement,
Fut d'envoyer le pupille charmant
Pour quinze jours ; car, en têtes prudentes,
Elles craignoient qu'un refus obstiné
Ne les brouillât avec nos sœurs de Nantes :
Ainsi jugea l'État embéguiné.

Après ce bill des miladys de l'ordre
Dans la commune arrive grand désordre :
Quel sacrifice ! y peut-on consentir?
Est-il donc vrai? dit la sœur Séraphine.
Quoi ! nous vivons, et Ver-Vert va partir !
D'une autre part la mère sacristine
Trois fois pâlit, soupire quatre fois,
Pleure, frémit, se pâme, perd la voix.
Tout est en deuil. Je ne sais quel présage
D'un noir crayon leur trace ce voyage ;
Pendant la nuit des songes pleins d'horreur
Du jour encor redoublent la terreur.
Trop vains regrets ! l'instant funeste arrive :
Jà tout est prêt sur la fatale rive ;
Il faut enfin se résoudre aux adieux,
Et commencer une absence cruelle :
Jà chaque sœur gémit en tourterelle,
Et plaint d'avance un veuvage ennuyeux.
Que de baisers au sortir de ces lieux
Reçut Ver-Vert ! Quelles tendres alarmes !
On se l'arrache, on le baigne de larmes ;
Plus il est près de quitter ce séjour,
Plus on lui trouve et d'esprit et de charmes.
Enfin pourtant il a passé le tour :
Du monastère avec lui fuit l'amour.
Pars, va, mon fils, vole où l'honneur t'appelle ;
Reviens charmant, reviens toujours fidèle ;
Que les zéphyrs te portent sur les flots,
Tandis qu'ici dans un triste repos
Je languirai, forcément exilée,
Sombre, inconnue, et jamais consolée :

Pars, cher Ver-Vert, et dans ton heureux cours,
Sois pris partout pour l'aîné des Amours.
Tel fut l'adieu d'une nonnain poupine,
Qui pour distraire et charmer sa langueur,
Entre deux draps avoit à la sourdine
Très souvent fait l'oraison dans Racine,
Et qui, sans doute, auroit de très grand cœur
Loin du couvent suivi l'oiseau parleur.

Mais c'en est fait, on embarque le drôle,
Jusqu'à présent vertueux, ingénu,
Jusqu'à présent modeste en sa parole :
Puisse son cœur, constamment défendu,
Au cloître un jour rapporter sa vertu !
Quoi qu'il en soit, déjà la rame vole ;
Du bruit des eaux les airs ont retenti ;
Un bon vent souffle, on part, on est parti.

# CHANT TROISIÈME

La même nef, légère et vagabonde,
Qui voituroit le saint oiseau sur l'onde,
Portoit aussi deux nymphes, trois dragons,
Une nourrice, un moine, deux Gascons :
Pour un enfant qui sort du monastère
C'étoit échoir en dignes compagnons !
Aussi Ver-Vert, ignorant leurs façons,
Se trouva là comme en terre étrangère :
Nouvelle langue et nouvelles leçons.
L'oiseau surpris n'entendoit point leur style
Ce n'étoit plus paroles d'Évangile ;
Ce n'étoit plus ces pieux entretiens,
Ces traits de Bible et d'oraisons mentales,
Qu'il entendoit chez nos douces vestales ;
Mais de gros mots, et non des plus chrétiens :
Car les dragons, race assez peu dévote,
Ne parloient là que langue de gargote ;

Charmant au mieux les ennuis du chemin,
Ils ne fêtoient que le patron du vin :
Puis les Gascons et les trois péronnelles
Y concertoient sur des tons de ruelles :
De leur côté, les bateliers juroient,
Rimoient en dieu, blasphémoient, et sacroient ;
Leur voix, stylée aux tons mâles et fermes,
Articuloit sans rien perdre des termes.
Dans le fracas, confus, embarrassé,
Ver-Vert gardoit un silence forcé ;
Triste, timide, il n'osoit se produire,
Et ne savoit que penser et que dire.

Pendant la route on voulut par faveur
Faire causer le perroquet rêveur.
Frère Lubin d'un ton peu monastique
Interrogea le beau mélancolique :
L'oiseau benin prend son air de douceur,
Et, vous poussant un soupir méthodique,
D'un ton pédant répond, *Ave, ma sœur*.
A cet *Ave* jugez si l'on dut rire ;
Tous en *chorus* bernent le pauvre sire.
Ainsi berné le novice interdit
Comprit en soi qu'il n'avoit pas bien dit,
Et qu'il seroit malmené des commères,
S'il ne parloit la langue des confrères :
Son cœur, né fier, et qui jusqu'à ce temps
Avoit été nourri d'un doux encens,
Ne put garder sa modeste constance
Dans cet assaut de mépris flétrissants.
A cet instant, en perdant patience,

## Ver-Vert.

Ver-Vert perdit sa première innocence.
Dès lors ingrat, en soi-même il maudit
Les chères sœurs, ses premières maîtresses,
Qui n'avoient pas su mettre en son esprit
Du beau français les brillantes finesses,
Les sons nerveux et les délicatesses.
A les apprendre il met donc tous ses soins,
Parlant très peu, mais n'en pensant pas moins.
D'abord l'oiseau, comme il n'étoit pas bête,
Pour faire place à de nouveaux discours,
Vit qu'il devoit oublier pour toujours
Tous les gaudés qui farcissoient sa tête :
Ils furent tous oubliés en deux jours ;
Tant il trouva la langue à la dragonne
Plus du bel air que les termes de nonne !
En moins de rien l'éloquent animal,
(Hélas! jeunesse apprend trop bien le mal!)
L'animal, dis-je, éloquent et docile,
En moins de rien fut rudement habile :
Bien vite il sut jurer et maugréer
Mieux qu'un vieux diable au fond d'un bénitier :
Il démentit les célèbres maximes
Où nous lisons qu'on ne vient aux grands crimes
Que par degrés ; il fut un scélérat
Profès d'abord, et sans noviciat.
Trop bien sut-il graver en sa mémoire
Tout l'alphabet des bateliers de Loire;
Dès qu'un d'iceux, dans quelque vertigo,
Lâchoit un mor... Ver-Vert faisoit l'écho :
Lors applaudi par la bande susdite,
Fier et content de son petit mérite,

Il n'aima plus que le honteux honneur
De savoir plaire au monde suborneur ;
Et, dégradant son généreux organe,
Il ne fut plus qu'un orateur profane.
Faut-il qu'ainsi l'exemple séducteur
Du ciel au diable emporte un jeune cœur !

Pendant ces jours, durant ces tristes scènes,
Que faisiez-vous dans vos cloîtres déserts,
Chastes Iris du couvent de Nevers ?
Sans doute, hélas ! vous faisiez des neuvaines
Pour le retour du plus grand des ingrats,
Pour un volage indigne de vos peines,
Et qui, soumis à de nouvelles chaînes,
De vos amours ne faisoit plus de cas.
Sans doute alors l'accès du monastère
Étoit d'ennuis tristement obsédé ;
La grille étoit dans un deuil solitaire,
Et le silence étoit presque gardé.
Cessez vos vœux : Ver-Vert n'en est plus digne ;
Ver-Vert n'est plus cet oiseau révérend,
Ce perroquet d'une humeur si benigne,
Ce cœur si pur, cet esprit si fervent :
Vous le dirai-je ? il n'est plus qu'un brigand,
Lâche apostat, blasphémateur insigne.
Les vents légers et les nymphes des eaux
Ont moissonné le fruit de vos travaux.
Ne vantez point sa science infinie ;
Sans la vertu que vaut un grand génie ?
N'y pensez plus : l'infâme a sans pudeur
Prostitué ses talents et son cœur.

Déjà pourtant on approche de Nantes,
Où languissoient nos sœurs impatientes ;
Pour leurs désirs le jour trop tard naissoit,
Des cieux trop tard le jour disparaissoit.
De ces ennuis, l'espérance flatteuse,
A nous tromper toujours ingénieuse,
Leur promettoit un esprit cultivé,
Un perroquet noblement élevé,
Une voix tendre, honnête, édifiante,
Des sentiments, un mérite achevé :
Mais, ô douleur ! ô vaine et fausse attente !

La nef arrive, et l'équipage en sort.
Une tourière étoit assise au port :
Dès le départ de la première lettre
Là chaque jour elle venoit se mettre ;
Ses yeux, errant sur le lointain des flots,
Sembloient hâter le vaisseau du héros.
En débarquant auprès de la béguine,
L'oiseau madré la connut à la mine,
A son œil prude ouvert en tapinois,
A sa grand'coiffe, à sa fine étamine,
A ses gants blancs, à sa mourante voix,
Et mieux encore à sa petite croix.
Il en frémit, et même il est croyable
Qu'en militaire il la donnoit au diable ;
Trop mieux aimant suivre quelque dragon
Dont il savoit le bachique jargon,
Qu'aller apprendre encor les litanies,
La révérence, et les cérémonies.
Mais force fut au grivois dépité

D'être conduit au gîte détesté.
Malgré ses cris, la tourière l'emporte :
Il la mordoit, dit-on, de bonne sorte,
Chemin faisant ; les uns disent au cou,
D'autres au bras ; on ne sait pas bien où :
D'ailleurs, qu'importe ? à la fin, non sans peine,
Dans le couvent la béate l'emmène ;
Elle l'annonce. Avec grande rumeur
Le bruit en court. Aux premières nouvelles
La cloche sonne : on étoit lors au chœur :
On quitte tout, on court, on a des ailes :
« C'est lui, ma sœur, il est au grand parloir ! »
On vole en foule, on grille de le voir ;
Les vieilles même, au marcher symétrique,
Des ans tardifs ont oublié le poids :
Tout rajeunit ; et la mère Angélique
Courut alors pour la première fois.

# CHANT QUATRIÈME

On voit enfin, on ne peut se repaître
Assez les yeux des beautés de l'oiseau :
C'étoit raison, car le fripon, pour être
Moins bon garçon, n'en étoit pas moins beau;
Cet œil guerrier et cet air petit-maître
Lui prêtoient même un agrément nouveau.
Faut-il, grand dieu! que sur le front d'un traître
Brillent ainsi les plus tendres attraits!
Que ne peut-on distinguer et connoître
Les cœurs pervers à de difformes traits!
Pour admirer les charmes qu'il rassemble
Toutes les sœurs parlent toutes ensemble :
En entendant cet essaim bourdonner
On eût à peine entendu Dieu tonner.
Lui cependant, parmi tout ce vacarme,
Sans daigner dire un mot de piété,
Rouloit les yeux d'un air de jeune carme.

Premier grief : cet air trop effronté
Fut un scandale à la communauté.
En second lieu, quand la mère prieure
D'un air auguste, en fille intérieure,
Voulut parler à l'oiseau libertin ;
Pour premiers mots, et pour toute réponse,
Nonchalamment et d'un air de dédain,
Sans bien songer aux horreurs qu'il prononce,
Mon gars répond avec un ton faquin :
« Par la corbleu ! que les nonnes sont folles ! »
L'histoire dit qu'il avoit en chemin
D'un de la troupe entendu ces paroles.
A ce début la sœur Saint-Augustin,
D'un air sucré, voulant le faire taire
En lui disant : Fi donc, mon très cher frère !
Le très cher frère, indocile et mutin,
Vous la rima très richement en tain.
Vive Jésus ! il est sorcier, ma mère !
Reprend la sœur. Juste Dieu ! quel coquin !
Quoi ! c'est donc là ce perroquet divin?
Ici Ver-Vert, en vrai gibier de Grève,
L'apostropha d'un *La peste te crève!*
Chacune vint pour brider le caquet
Du grenadier; chacune eut son paquet :
Turlupinant les jeunes précieuses,
Il imitoit leur courroux babillard ;
Plus déchaîné sur les vieilles grondeuses,
Il bafouoit leur sermon nasillard.

Ce fut bien pis quand, d'un ton de corsaire,
Las, excédé de leurs fades propos,

Bouffi de rage, écumant de colère,
Il entonna tous les horribles mots
Qu'il avoit su rapporter des bateaux,
Jurant, sacrant d'une voix dissolue,
Faisant passer tout l'enfer en revue;
Les B, les F, voltigeoient sur son bec.
Les jeunes sœurs crurent qu'il parloit grec.
« Jour de Dieu!... mor!... mille pipes de diables! »
Toute la grille, à ces mots effroyables,
Tremble d'horreur : les nonnettes sans voix
Font, en fuyant, mille signes de croix :
Toutes, pensant être à la fin du monde,
Courent en poste aux caves du couvent;
Et sur son nez la mère Cunégonde
Se laissant choir, perd sa dernière dent.
Ouvrant à peine un sépulcral organe :
Père éternel! dit la sœur Bibiane,
Miséricorde! ah! qui nous a donné
Cet antechrist, ce démon incarné?
Mon doux Sauveur! en quelle conscience
Peut-il ainsi jurer comme un damné?
Est-ce donc là l'esprit et la science
De ce Ver-Vert si chéri, si prôné?
Qu'il soit banni! qu'il soit remis en route!
O Dieu d'amour! reprend la sœur Écoute,
Quelles horreurs! chez nos sœurs de Nevers,
Quoi! parle-t-on ce langage pervers?
Quoi! c'est ainsi qu'on forme la jeunesse!
Quel hérétique! ô divine sagesse!
Qu'il n'entre point! avec ce Lucifer
En garnison nous aurions tout l'enfer.

Conclusion, Ver-Vert est mis en cage :
On se résout, sans tarder davantage,
A renvoyer le parleur scandaleux.
Le pèlerin ne demandoit pas mieux.
Il est proscrit, déclaré détestable,
Abominable, atteint et convaincu
D'avoir tenté d'entamer la vertu
Des saintes sœurs. Toutes de l'exécrable
Signent l'arrêt, en pleurant le coupable ;
Car quel malheur qu'il fût si dépravé,
N'étant encor qu'à la fleur de son âge,
Et qu'il portât, sous un si beau plumage,
La fière humeur d'un escroc achevé,
L'air d'un païen, le cœur d'un réprouvé !

Il part enfin, porté par la tourière,
Mais sans la mordre en retournant au port :
Une cabane emporte le compère,
Et sans regret il fuit ce triste bord.

De ses malheurs telle fut l'Iliade.
Quel désespoir, lorsqu'enfin de retour
Il vint donner pareille sérénade,
Pareil scandale en son premier séjour !
Que résoudront nos sœurs inconsolables ?
Les yeux en pleurs, les sens d'horreur troublés,
En manteaux longs, en voiles redoublés,
Au discrétoire entrent neuf vénérables :
Figurez-vous neuf siècles assemblés.
Là, sans espoir d'aucun heureux suffrage,
Privé des sœurs qui plaideroient pour lui,

En plein parquet enchaîné dans sa cage,
Ver-Vert paroît sans gloire et sans appui.
On est aux voix : déjà deux des sibylles
En billets noirs ont crayonné sa mort ;
Deux autres sœurs, un peu moins imbéciles,
Veulent qu'en proie à son malheureux sort
On le renvoie au rivage profane
Qui le vit naître avec le noir brachmane ;
Mais de concert les cinq dernières voix
Du châtiment déterminent le choix :
On le condamne à deux mois d'abstinence,
Trois de retraite, et quatre de silence ;
Jardins, toilette, alcôves et biscuits,
Pendant ce temps lui seront interdits.
Ce n'est point tout : pour comble de misère,
On lui choisit pour garde, pour geôlière,
Pour entretien, l'Alecton du couvent,
Une converse, infante douairière,
Singe voilé, squelette octogénaire,
Spectacle fait pour l'œil d'un pénitent.
Malgré les soins de l'Argus inflexible,
Dans leurs loisirs souvent d'aimables sœurs,
Venant le plaindre avec un air sensible,
De son exil suspendoient les rigueurs.
Sœur Rosalie, au retour de matines,
Plus d'une fois lui porta des pralines ;
Mais, dans les fers, loin d'un libre destin,
Tous les bonbons ne sont que chicotin.

Couvert de honte, instruit par l'infortune,
Ou las de voir sa compagne importune,

L'oiseau contrit se reconnut enfin :
Il oublia les dragons et le moine,
Et, pleinement remis à l'unisson
Avec nos sœurs, pour l'air et pour le ton.
Il redevint plus dévot qu'un chanoine.
Quand on fut sûr de sa conversion,
Le vieux divan, désarmant sa vengeance,
De l'exilé borna la pénitence.

De son rappel, sans doute, l'heureux jour
Va pour ces lieux être un jour d'allégresse ;
Tous ses instants, donnés à la tendresse,
Seront filés par la main de l'amour.
Que dis-je ? hélas ! ô plaisirs infidèles !
O vains attraits de délices mortelles !
Tous les dortoirs étoient jonchés de fleurs ;
Café parfait, chansons, course légère,
Tumulte aimable et liberté plénière ;
Tout exprimoit de charmantes ardeurs,
Rien n'annonçoit de prochaines douleurs :
Mais, de nos sœurs ô largesse indiscrète !
Du sein des maux d'une longue diète
Passant trop tôt dans des flots de douceurs,
Bourré de sucre et brûlé de liqueurs,
Ver-Vert tombant sur un tas de dragées,
En noirs cyprès vit ses roses changées.
En vain les sœurs tâchoient de retenir
Son âme errante et son dernier soupir ;
Ce doux excès hâtant sa destinée,
Du tendre amour victime fortunée,
Il expira dans le sein du plaisir.

On admiroit ses paroles dernières.
Vénus enfin, lui fermant les paupières,
Dans l'Élysée et les sacrés bosquets
Le mène au rang des héros perroquets,
Près de celui dont l'amant de Corine
A pleuré l'ombre et chanté la doctrine.
Qui peut narrer combien l'illustre mort
Fut regretté ! la sœur dépositaire
En composa la lettre circulaire
D'où j'ai tiré l'histoire de son sort.
Pour le garder à la race future,
Son portrait fut tiré d'après nature.
Plus d'une main, conduite par l'amour,
Sut lui donner une seconde vie
Par les couleurs et par la broderie ;
Et la Douleur, travaillant à son tour,
Peignit, broda des larmes alentour.
On lui rendit tous les honneurs funèbres
Que l'Hélicon rend aux oiseaux célèbres.
Au pied d'un myrte on plaça le tombeau
Qui couvre encor le Mausole nouveau :
Là, par la main des tendres Artémises,
En lettres d'or ces rimes furent mises
Sur un porphyre environné de fleurs :
En les lisant on sent naître ses pleurs :

« Novices, qui venez causer dans ces bocages
   A l'insu de nos graves sœurs,
Un instant, s'il se peut, suspendez vos ramages ;
   Apprenez nos malheurs.
Vous vous taisez : si c'est trop vous contraindre,

Parlez, mais parlez pour nous plaindre ;
Un mot vous instruira de nos tendres douleurs :
Ci-gît Ver-Vert, ci-gisent tous les cœurs. »

On dit pourtant (pour terminer ma glose
En peu de mots) que l'ombre de l'oiseau
Ne loge plus dans le susdit tombeau ;
Que son esprit dans les nonnes repose,
Et qu'en tous temps par la métempsycose,
De sœurs en sœurs l'immortel perroquet
Transportera son âme et son caquet.

# LE
# CARÊME IMPROMPTU

# LE
# CARÊME IMPROMPTU

Sous un ciel toujours rigoureux,
Au sein des flots impétueux,
Non loin de l'armorique plage,
Il est une île, affreux rivage,
Habitacle marécageux,
Moitié peuplé, moitié sauvage,
Dont les habitants malheureux,
Séparés du reste du monde,
Semblent ne connoître que l'onde
Et n'être connus que des cieux.
Des nouvelles de la nature

Viennent rarement sur ces bords ;
On n'y sait que par aventure,
Et par de très tardifs rapports,
Ce qui se passe sur la terre,
Qui fait la paix, qui fait la guerre,
Qui sont les vivants et les morts.

De cette étrange résidence
Le curé, sans trop d'embarras,
Enseveli dans l'indolence
D'une héréditaire ignorance,
Vit de baptême et de trépas,
Et d'offices qu'il n'entend pas ;
Parmi les notables de l'île
Il est regardé comme habile
Quand il peut dire quelquefois
Le mois de l'an, le jour du mois.
On va penser que j'exagère,
Et que j'outre le caractère :
« Quelle apparence ? dira-t-on :
Quelle île assez abandonnée
Ignore le temps de l'année ?
Non, ce trait ne peut être bon
Que dans une île imaginée
Par le fabuleux Robinson. »
De grâce, censeur incrédule,
Ne jugez point sur ce soupçon.
Un fait narré sans fiction
Va vous enlever ce scrupule :
Il porte la conviction ;
Je n'y mettrai que la façon.

## Le Carême impromptu.

Le curé de l'île susdite,
Vieux papa, bon Israélite,
(N'importe quand advint le cas)
N'avoit point avant les étrennes
Fait apporter de nos climats
De guide-ânes ni d'almanachs,
Pour le guider dans ses antiennes,
Et régler ses petits États.
Il reconnut sa négligence ;
Mais trop tard vint la prévoyance.

La saison ne permettoit pas
De faire voile vers la France :
Abandonnée aux noirs frimas
La mer n'étoit plus praticable,
Et l'on n'espéroit les bons vents
Qui rendent l'onde navigable,
Et le continent abordable,
Qu'à la naissance du printemps.

Pendant ces trois mois de tempête
Que faire sans calendrier ?
Comment placer les jours de fête ?
Comment les différencier ?
Dans une pareille méprise
Quelque autre curé plus savant
N'auroit pu régir son église,
Et peut-être dévotement,
Bravant les fougues de la bise,
Se seroit livré sans remise
Aux périls du moite élément ;

Mais, pour une telle imprudence,
Doué d'un trop bon jugement,
Notre bon prêtre assurément
Chérissoit trop son existence.
C'étoit d'ailleurs un vieux routier,
Qui, s'étant fait une habitude
Des fonctions de son métier,
Officioit sans trop d'étude,
Et qui, dans sa décrépitude,
Dégoisoit psaumes et leçons
Sans y faire tant de façons.
Prenant donc son parti sans peine,
Il annonce le premier mois,
Et recommande par trois fois
A son assistance chrétienne
De ne point finir la semaine
Sans chômer la fête des Rois.
Ces premiers points étoient faciles ;
Il ne trouva de l'embarras
Qu'en pensant qu'il ne sauroit pas
Où ranger les fêtes mobiles.
Qu'y faire enfin ? Peu scrupuleux,
Il décida, ne pouvant mieux,
Que ces fêtes, comme ignorées,
Ne seroient chez lui célébrées
Que quand, au retour du zéphir,
Lui-même il auroit pu venir
Prendre langue dans nos contrées.
Il crut cet avis selon Dieu :
Ce fut celui de son vicaire,
De Javotte sa ménagère,

Et de son magister Matthieu,
La plus forte tête du lieu.

Ceci posé, janvier se passe ;
Plus agile encor dans son cours,
Février fuit, mars le remplace,
Et l'aquilon régnoit toujours :
Du printemps avec patience
Attendant le prochain retour,
Et sur l'annuelle abstinence
Prétendant, cause d'ignorance,
Ou, bonnement et sans détour,
Par faute de réminiscence,
Notre vieux curé chaque jour
Se mettoit sur la conscience
Un chapon de sa basse-cour.
Cependant, poursuit la chronique,
Le carême depuis un mois
Sur tout l'univers catholique
Étendoit ses austères lois ;
L'île seule, grâce au bonhomme,
A l'abri des statuts de Rome,
Voyoit ses libres habitants
Vivre en gras pendant tout ce temps.
De vrai, ce n'étoit fine chère ;
Mais cependant chaque insulaire
Mi-paysan et mi-bourgeois,
Pouvoit parer son ordinaire
D'un fin lard flanqué de vieux pois.
A l'exemple du presbytère,
Tous, dans cette erreur salutaire

Soupoient pour nous d'un cœur joyeux,
Tandis que nous jeûnions pour eux.

Enfin pourtant le froid Borée
Quitta l'onde plus tempérée.
Voyant qu'il étoit plus que temps
D'instruire nos impénitents,
Le diable, content de lui-même,
Ne retarda plus le printemps :
C'étoit lui qui, par stratagème,
Leur rendant contraire tout vent,
Avoit voulu, chemin faisant,
Leur escamoter un carême,
Pour se divertir en passant.
Le calme rétabli sur l'onde,
Mon curé, selon son serment,
Pour voir comment alloit le monde,
S'embarque sans retardement,
S'étant bien lesté la bedaine
De quatre tranches de jambon :
Fait digne de réflexion ;
Car de la sainte quarantaine
Déjà la cinquième semaine
Venoit de commencer son cours.
Il vient ; il trouve avec surprise
Que dans l'empire de l'Église
Pâques revenoit dans dix jours :
« Dieu soit loué ! prenons courage,
Dit-il, enfonçant son castor ;
Grâce au Seigneur, notre voyage
Se trouve fait à temps encor

### Le Carême impromptu.

Pour pouvoir, dans mon ermitage,
Fêter Pâques selon l'usage. »
Content, il rentre sur son bord,
Après avoir fait ses emplettes
Et d'almanachs et de lunettes.
Il part, il arrive à bon port
Dans ses solitaires retraites.
Le lendemain, jour des Rameaux,
Prônant avec un zèle extrême,
Il notifie à ses vassaux
La date de notre carême :
« Mais, poursuit-il, j'ai mon système,
Mes frères, nous n'y perdrons rien,
Et nous le rattraperons bien :
D'abord, avant notre abstinence,
Pour garder l'usage ancien,
Et bien remplir toute observance,
Le Mardi gras sera mardi ;
Le jour des Cendres, mercredi ;
Suivront trois jours de pénitence,
Dans toute l'île on jeûnera ;
Et dimanche, unis à l'église,
Sans plus craindre aucune méprise,
Nous chanterons l'*Alleluia.* »

# LE LUTRIN VIVANT

# LE LUTRIN VIVANT

## A M. L'ABBÉ DE SEGONZAC

De mes écrits aimable confident,
   Cher Segonzac, ma muse solitaire,
De ses ennuis brisant la chaîne austère,
Vient près de toi retrouver l'enjouement.
Je m'en souviens, lorsqu'un sort plus charmant
Nous unissoit sur les rives de Loire,
Aux champs heureux dont Tours est l'ornement,
Lieux toujours chers au dieu de l'agrément,
Je te promis qu'au temple de Mémoire
Je placerois le pupitre vivant
Dont je t'appris la naissance et la gloire.
Je l'ai promis : je remplis mon serment.

A dire vrai, cette moderne histoire
Est un peu folle, il en faut convenir.
Est-ce un défaut? non, si c'est un plaisir.
Dans les langueurs de la mélancolie,
Quoi! la sagesse est-elle de saison?
Un trait comique, une vive saillie,
Marqués au coin de l'aimable folie,
Consolent mieux qu'une froide oraison
Que prêche en vain l'ennuyeuse raison.
Quoi qu'il en soit, ma Minerve sévère
Adoucira ces grotesques portraits,
Et, les voilant d'une gaze légère,
Ne montrera que la moitié des traits.
Venons au fait : honni qui mal y pense !
Attention ! j'ai toussé : je commence.

Non loin des bords du Cher et de l'Auron,
Dans un climat dont je tairai le nom,
Est un vieux bourg, dont l'église sans vitres
A pour clergé le plus gueux des chapitres :
Là ne sont point de ces mortels fleuris
Qui, dans les bras d'une heureuse indolence,
Exempts d'étude et libres d'abstinence,
N'ont qu'à nourrir leur brillant coloris :
On ne voit là que pâles effigies
Qui du champagne onc ne furent rougies,
Que maigres clercs, chanoines avortons,
Sans rabats fins et sans triples mentons,
Contraints d'aller, traînant leurs faces blêmes,
A chaque office et de chanter eux-mêmes.
Ils ont pourtant, pour aider leur labeur,

## Le Lutrin vivant.

Un chapelain, et quatre enfants de chœur ;
Ces jouvenceaux ont leur gîte ordinaire
Chez dame Barbe ; elle leur sert de mère
Et de soutien ; le public est leur père.

Il faut savoir, pour plus grande clarté,
Que dame Barbe est une octogénaire,
Un vétéran de la communauté,
Fille jadis, aujourd'hui douairière,
Qui dès seize ans, d'un siècle corrompu
Craignant l'écueil, pour mettre sa vertu
Mieux à couvert des mondains et des moines,
Crut devoir vivre auprès d'un des chanoines :
D'abord servante, ensuite adroitement
Elle parvint jusqu'au gouvernement.
Déjà trois fois elle a vu dans l'église
De père en fils chaque charge transmise.
Barbe, en un mot, au chapitre susdit
De race en race a gardé son crédit.
Or chez ladite arriva notre histoire
En juin dernier : l'aventure est notoire.

Par cas fortuit, l'enfant de chœur Lucas
Avoit usé l'étui des Pays-Bas ;
Vous m'entendez : sa culotte trop mûre
Le trahissoit par mainte découpure ;
Déjà la brèche, augmentant tous les jours,
Démanteloit la place et les faubourgs.
Barbe le voit, s'attendrit ; mais que faire ?
Elle étoit pauvre, et l'étoffe étoit chère ;
D'une autre part, le chapitre étoit gueux ;

Et puis d'ailleurs le petit malheureux,
Ouvrage né d'un auteur anonyme,
Ne connaissant parents ni légitime,
N'avoit en tout dans ce stérile lieu
Pour se chauffer que la grâce de Dieu ;
Il languissoit dans une triste attente,
Gardant la chambre, et rarement debout.
Enfin pourtant l'habile gouvernante
Sut lui forger une armure décente
A peu de frais et dans un nouveau goût :
Nécessité tire parti de tout;
Nécessité d'industrie est la mère.

Chez Barbe étoit un vieux antiphonaire,
Vieux graduel, ample et poudreux bouquin,
Dont aux bons jours on paroit le lutrin ;
D'épais lambeaux d'un parchemin gothique
Formoient le corps de ce grimoire antique ;
De ces feuillets, par la crasse endurcis,
L'âge avoit fait une étoffe en glacis.
La vieille crut qu'on pouvoit sans dommages
Du livre affreux détacher quelques pages :
Elle en prend quatre, et les coud proprement
Pour relier un volume vivant.
Mais le hasard voulut que l'ouvrière,
Très peu savante en pareille matière,
Dans les feuillets qu'elle prit sans façon
Prit justement la messe du patron.
L'ouvrage fait, elle en coiffe à la diable
L'humanité du petit misérable ;
Par quoi Lucas, chamarré de plain-chant,

## Le Lutrin vivant.

Ne craignoit plus les insultes du vent.
Or cependant arrive la Saint-Brice,
Fête du lieu, fête du grand office :
Le maître chantre, intendant du lutrin,
Vient au grand livre; il cherche, mais en vain;
A feuilleter il perd et temps et peine :
Il jure, il sacre, et s'imagine enfin
Qu'un chœur de rats a mangé les antiennes;
Mais par bonheur, dans ce triste embarras,
Ses yeux distraits rencontrent mon Lucas,
Qui, de grimauds renforçant une troupe,
Sans le savoir, portoit l'office en croupe;
Le chantre lit, et retrouve au niveau
Tous ses versets sur ce livre nouveau :
Sur l'heure il fait son rapport au chapitre.
On délibère; on décide soudain
Que le marmot, braqué sur le pupitre,
Y servira de livre et de lutrin.
Sur cet arrêt, on le style au service;
En quatre tours il apprend l'exercice.
Déjà d'un air intrépide et dévot
Lucas s'accroche à l'aigle du pivot :
A livre ouvert le chapier en lunettes
Vient entonner; un groupe de mazettes
Très gravement poursuit ce chant falot,
Concert grotesque et digne de Callot.

Tout alloit bien jusques à l'évangile.
Ferme et plus fier qu'un sénateur romain
Lucas, tenant sa façade immobile,
Avec succès auroit gagné la fin :

Mais, par malheur, une guêpe incivile,
Par la couture entr'ouvrant le vélin,
Déconcerta le sensible lutrin.
D'abord il souffre, il se fait violence,
Et, tenant bon, il enrage en silence ;
Mais l'aiguillon allant toujours son train,
Pour éviter l'insecte impitoyable,
Le lutrin fuit en criant comme un diable,
Et loin de là va, partant comme un trait,
Pour se guérir retourner le feuillet.
Le fait est sûr : sans peine on peut m'en croire,
De deux Gascons je tiens toute l'histoire.

C'est pour toi seul, ami tendre et charmant,
Que j'ai permis à ma muse exilée,
Loin de tes yeux tristement isolée,
De s'égayer sur cet amusement,
Fruit d'un caprice, ouvrage d'un moment :
Que loin de toi jamais il ne transpire.

Si par hasard il vient à d'autres yeux,
Les esprits francs qui daigneront le lire,
Sans s'appliquer, follement scrupuleux,
A me trouver un crime dans mes jeux,
Honoreront peut-être d'un sourire
Ce libre essor d'un aimable délire,
Délassement d'un travail sérieux.
Pour les bigots et les froids précieux,
Peuple sans goût, gens qu'un faux zèle inspire,
De nos chansons critiques ténébreux,
Censeurs de tout, exempts de rien produire,

Sans trop d'effroi je m'attends à leur ire.
Déjà j'en vois un trio langoureux
S'ensevelir dans un réduit poudreux,
Fronder mes vers, foudroyer et proscrire
Ce badinage, en faire un monstre affreux ;
Je les entends gravement s'entre-dire
D'un air capable et d'un ton doucereux :
« Y pense-t-il? quel écrit scandaleux !
Quel temps perdu ! pourquoi, s'il veut écrire,
Ne prend-il point des sujets plus pompeux
Des traits moraux, des éloges fameux?... »
Mais, dédaignant leur absurde satire,
Aimable abbé, nous ne ferons que rire
De voir ainsi ces graves ennuyeux
Perdre à gronder, à me chercher des crimes,
Bien plus de temps et de peines entre eux,
Que je n'en perds à façonner ces rimes.

Pour toi, fidèle au goût, au sentiment
Franc des travers de leur aigre doctrine,
Tu n'iras point peser stoïquement
Au grave poids d'une raison chagrine
Les jeux légers d'une muse badine.
Non : la raison, celle que tu chéris,
A ses côtés laisse marcher les Ris,
Et laisse au froc ces vertus trop fardées,
Qu'un plaisir fin n'a jamais déridées.
Ainsi pensoit l'amusant Du Cerceau :
Sage, enjoué, vertueux sans rudesse
Des sages faux évitant la tristesse,
Il badina sans s'écarter du beau,

Et sans jamais effrayer la sagesse;
Ainsi les traits de son heureux pinceau
Plairont toujours; et de races en races
Vivront gravés dans les fastes des Grâces;
Et les censeurs, obstinés à ternir
Son art chéri par l'ennui pédantesque
D'un français fade, ou d'un latin tudesque,
Endormiront les siècles à venir.

# LE MÉCHANT

COMÉDIE

# LE MÉCHANT

## ACTE PREMIER

### SCÈNE PREMIÈRE

LISETTE, FRONTIN.

FRONTIN.

Te voilà de bonne heure, et toujours plus jolie.

LISETTE.

Je n'en suis pas plus gaie.

FRONTIN.

Et pourquoi, je te prie ?

LISETTE.

Oh ! pour bien des raisons.

FRONTIN.

Es-tu folle ? comment !
On prépare une noce, une fête...

LISETTE.

Oui vraiment,
Crois cela; mais pour moi, j'en suis bien convaincue,
Nos affaires vont mal, et la noce est rompue.

FRONTIN.

Pourquoi donc ?

LISETTE.

Oh ! pourquoi ? dans toute la maison
Il règne un air d'aigreur et de division
Qui ne le dit que trop. Au lieu de cette aisance
Qu'établissoit ici l'entière confiance,
On se boude, on s'évite, on bâille, on parle bas,
Et je crains que demain on ne se parle pas.
Va, la noce est bien loin, et j'en sais trop la cause :
Ton maître sourdement...

FRONTIN.

Lui ! bien loin qu'il s'oppose
Au choix qui doit unir Valère avec Chloé,
Je puis te protester qu'il l'a fort appuyé,
Et qu'au bonhomme d'oncle il répète sans cesse
Que c'est le seul parti qui convienne à sa nièce.

LISETTE.

S'il s'en mêle, tant pis; car, s'il fait quelque bien,
C'est que, pour faire mal, il lui sert de moyen.
Je sais ce que je sais; et je ne puis comprendre
Que, connaissant Cléon, tu veuilles le défendre.
Droit, franc comme tu l'es, comment estimes-tu
Un fourbe, un homme faux, déshonoré, perdu,
Qui nuit à tout le monde, et croit tout légitime ?

FRONTIN.

Oh ! quand on est fripon, je rabats de l'estime.
Mais autant qu'on peut voir, et que je m'y connois,
Mon maître est honnête homme, à quelque chose près.
La première vertu qu'en lui je considère,
C'est qu'il est libéral, excellent caractère !
Un maître, avec cela, n'a jamais de défaut;
Et de sa probité c'est tout ce qu'il me faut.
Il me donne beaucoup, outre de fort bons gages.

LISETTE.

Il faut, puisqu'il te fait de si grands avantages,
Que de ton savoir-faire il ait souvent besoin.
Mais, tiens, parle-moi vrai, nous sommes sans témoin :
Cette chanson qui fit une si belle histoire...

FRONTIN.

Je ne me pique pas d'avoir de la mémoire.
Les rapports font toujours plus de mal que de bien :
Et de tout le passé je ne sais jamais rien.

LISETTE.

Cette méthode est bonne, et j'en veux faire usage.
Adieu, monsieur Frontin.

FRONTIN.

Quel est donc ce langage ?
Mais, Lisette, un moment.

LISETTE.

Je n'ai que faire ici.

FRONTIN.

As-tu donc oublié, pour me traiter ainsi,
Que je t'aime toujours, et que tu dois m'en croire ?

LISETTE.

Je ne me pique pas d'avoir de la mémoire.

FRONTIN

Mais que veux-tu ?

LISETTE.

Je veux que, sans autre façon,
Si tu veux m'épouser, tu laisses là Cléon.

FRONTIN.

Oh ! le quitter ainsi, c'est de l'ingratitude ;
Et puis, d'ailleurs, je suis animal d'habitude.
Où trouverois-je mieux ?

LISETTE.

     Ce n'est pas l'embarras.
Si, malgré ce qu'on voit, et ce qu'on ne voit pas,
La noce en question parvenoit à se faire,
Je pourrois, par Chloé, te placer chez Valère.
Mais, à propos de lui, j'apprends avec douleur
Qu'il connoît fort ton maître, et c'est un grand malheur.
Valère, à ce qu'on dit, est aimable, sincère,
Plein d'honneur, annonçant le meilleur caractère;
Mais, séduit par l'esprit ou la fatuité,
Croyant qu'on réussit par la méchanceté,
Il a choisi, dit-on, Cléon pour son modèle;
Il est son complaisant, son copiste fidèle...

FRONTIN.

Mais tu fais des malheurs et des monstres de tout.
Mon maître a de l'esprit, des lumières, du goût,
L'air et le ton du monde ; et le bien qu'il peut faire
Est au-dessus du mal que tu crains pour Valère.

LISETTE.

Si pourtant il ressemble à ce qu'on dit de lui,
Il changera de guide ; il arrive aujourd'hui :
Tu verras ; les méchants nous apprennent à l'être ;
Par d'autres, ou par moi, je lui peindrai ton maître.
Au reste, arrange-toi, fais tes réflexions :
Je t'ai dit ma pensée et mes conditions :
J'attends une réponse, et positive, et prompte.
Quelqu'un vient, laisse-moi... Je crois que c'est Géronte.
Comment ! il parle seul !

## SCÈNE II

### GÉRONTE, LISETTE.

GÉRONTE, sans voir Lisette.

      Ma foi, je tiendrai bon.
Quand on est bien instruit, bien sûr d'avoir raison,
Il ne faut pas céder. Elle suit son caprice :
Mais moi, je veux la paix, le bien et la justice :
Valère aura Chloé.

LISETTE.

    Quoi ! sérieusement ?

GÉRONTE.

Comment ! tu m'écoutois ?

LISETTE.

      Tout naturellement.
Mais n'est-ce point un rêve, une plaisanterie ?
Comment, monsieur ! j'aurois, une fois en ma vie,
Le plaisir de vous voir, en dépit des jaloux,
De votre sentiment, et d'un avis à vous ?

GÉRONTE.

Qui m'en empêcheroit ? je tiendrai ma promesse ;
Sans l'avis de ma sœur, je marierai ma nièce :
C'est sa fille, il est vrai ; mais les biens sont à moi :
Je suis le maître enfin. Je te jure, ma foi,

Que la donation, que je suis prêt à faire,
N'aura lieu pour Chloé qu'en épousant Valère :
Voilà mon dernier mot.

LISETTE.

Voilà parler, cela !

GÉRONTE.

Il n'est point de parti meilleur que celui-là.

LISETTE.

Assurément.

GÉRONTE.

C'étoit pour traiter cette affaire
Qu'Ariste vint ici la semaine dernière.
La mère de Valère, entre tous ses amis,
Ne pouvoit mieux choisir pour proposer son fils.
Ariste est honnête homme, intelligent et sage :
L'amitié qui nous lie est, ma foi, de notre âge ;
Il est parti muni de mon consentement,
Et l'affaire sera finie incessamment ;
Je n'écouterai plus aucun avis contraire ;
Pour la conclusion l'on n'attend que Valère :
Il a dû revenir de Paris ces jours-ci ;
Et ce soir au plus tard je les attends ici.

LISETTE.

Fort bien.

GÉRONTE.

Toujours plaider m'ennuie et me ruine :
Des terres du futur cette terre est voisine,

Et, confondant nos droits, je finis des procès
Qui, sans cette union, ne finiroient jamais.

###### LISETTE.

Rien n'est plus convenable.

###### GÉRONTE.

      Et puis d'ailleurs, ma nièce
Ne me dédira point, je crois, de ma promesse,
Ni Valère non plus. Avant nos différends,
Ils se voyoient beaucoup, n'étant encor qu'enfants ;
Ils s'aimoient ; et souvent cet instinct de l'enfance
Devient un sentiment quand la raison commence.
Depuis près de six ans qu'il demeure à Paris
Ils ne se sont pas vus : mais je serois surpris
Si, par ses agréments et son bon caractère,
Chloé ne retrouvoit tout le goût de Valère.

###### LISETTE.

Cela n'est pas douteux.

###### GÉRONTE.

      Encore une raison
Pour finir : j'aime fort ma terre, ma maison ;
Leur embellissement fit toujours mon étude.
On n'est pas immortel : j'ai quelque inquiétude
Sur ce qu'après ma mort tout ceci deviendra :
Je voudrois mettre au fait celui qui me suivra,
Lui laisser mes projets. J'ai vu naître Valère :
J'aurai, pour le former, l'autorité d'un père.

LISETTE.

Rien de mieux : mais...

GÉRONTE.

Quoi, mais ? J'aime qu'on parle net.

LISETTE.

Tout cela seroit beau : mais cela n'est pas fait.

GÉRONTE.

Eh ! pourquoi donc ?

LISETTE.

Pourquoi ? pour une bagatelle
Qui fera tout manquer. Madame y consent-elle ?
Si j'ai bien entendu, ce n'est pas son avis.

GÉRONTE.

Qu'importe ? ses conseils ne seront pas suivis.

LISETTE.

Ah ! vous êtes bien fort, mais c'est loin de Florise :
Au fond, elle vous mène en vous semblant soumise ;
Et, par malheur pour vous et toute la maison,
Elle n'a pour conseil que ce monsieur Cléon,
Un mauvais cœur, un traître, enfin un homme horrible,
Et pour qui votre goût m'est incompréhensible.

GÉRONTE.

Ah ! te voilà toujours. On ne sait pas pourquoi
Il te déplaît si fort.

LISETTE.

   Oh ! je le sais bien, moi.
Ma maîtresse autrefois me traitoit à merveille,
Et ne peut me souffrir depuis qu'il la conseille.
Il croit que de ses tours je ne soupçonne rien ;
Je ne suis point ingrate, et je lui rendrai bien...
Je vous l'ai déjà dit, vous n'en voulez rien croire,
C'est l'esprit le plus faux, et l'âme la plus noire ;
Et je ne vois que trop que ce qu'on m'en a dit...

GÉRONTE.

Toujours la calomnie en veut aux gens d'esprit.
Quoi donc ! parce qu'il sait saisir le ridicule,
Et qu'il dit tout le mal qu'un flatteur dissimule,
On le prétend méchant ! c'est qu'il est naturel :
Au fond, c'est un bon cœur, un homme essentiel.

LISETTE.

Mais je ne parle pas seulement de son style.
S'il n'avoit de mauvais que le fiel qu'il distille,
Ce seroit peu de chose, et tous les médisants
Ne nuisent pas beaucoup chez les honnêtes gens.
Je parle de ce goût de troubler, de détruire,
Du talent de brouiller, et du plaisir de nuire :
Semer l'aigreur, la haine et la division,
Faire du mal enfin, voilà votre Cléon ;
Voilà le beau portrait qu'on m'a fait de son âme
Dans le dernier voyage où j'ai suivi madame.
Dans votre terre ici fixé depuis longtemps,
Vous ignorez Paris et ce qu'on dit des gens.

Moi, le voyant là-bas s'établir chez Florise,
Et lui trouvant un ton suspect à ma franchise,
Je m'informai de l'homme, et ce qu'on m'en a dit
Est le tableau parfait du plus méchant esprit ;
C'est un enchaînement de tours, d'horreurs secrètes,
De gens qu'il a brouillés, de noirceurs qu'il a faites,
Enfin, un caractère effroyable, odieux.

### GÉRONTE.

Fables que tout cela, propos des envieux.
Je le connois, je l'aime et je lui rends justice.
Chez moi, j'aime qu'on rie, et qu'on me divertisse ;
Il y réussit mieux que tout ce que je voi.
D'ailleurs, il est toujours de même avis que moi ;
Preuve que nos esprits étoient faits l'un pour l'autre,
Et qu'une sympathie, un goût comme le nôtre,
Sont pour durer toujours ; et puis, j'aime ma sœur,
Et quiconque lui plaît convient à mon humeur :
Elle n'amène ici que bonne compagnie ;
Et, grâce à ses amis, jamais je ne m'ennuie.
Quoi ! si Cléon étoit un homme décrié,
L'aurois-je ici reçu ? l'auroit-elle prié ?
Mais quand il seroit tel qu'on te l'a voulu peindre,
Faux, dangereux, méchant, moi, qu'en aurois-je à craindre ?
Isolé dans nos bois, loin des sociétés,
Que me font les discours et les méchancetés ?

### LISETTE.

Je ne jurerois pas qu'en attendant pratique
Il ne divisât tout dans votre domestique.
Madame me paroît déjà d'un autre avis

Sur l'établissement que vous avez promis ;
Et d'une... Mais enfin je me serai méprise ;
Vous en êtes content ; madame en est éprise...
Je croirois même assez...

GÉRONTE.

Quoi ? qu'elle aime Cléon ?

LISETTE.

C'est vous qui l'avez dit, et c'est avec raison
Que je le pense, moi : j'en ai la preuve sûre.
Si vous me permettez de parler sans figure,
J'ai déjà vu madame avoir quelques amants ;
Elle en a toujours pris l'humeur, les sentiments,
Le différent esprit. Tour à tour je l'ai vue
Ou folle ou de bon sens, sauvage ou répandue ;
Six mois dans la morale, et six dans les romans,
Selon l'amant du jour et la couleur du temps ;
Ne pensant, ne voulant, n'étant rien d'elle-même,
Et n'ayant d'âme enfin que par celui qu'elle aime.
Or, comme je la vois, de bonne qu'elle étoit,
N'avoir qu'un ton méchant, ton qu'elle détestoit,
Je conclus que Cléon est assez bien chez elle.
Autre conclusion tout aussi naturelle :
Elle en prendra conseil ; vous en croirez le sien
Pour notre mariage, et nous ne tenons rien.

GÉRONTE.

Ah ! je voudrois le voir ! corbleu ! tu vas connoître
Si je ne suis qu'un sot, ou si je suis le maître.
J'en vais dire deux mots à ma très chère sœur,

Et la faire expliquer. J'ai déjà sur le cœur
Qu'elle s'est peu prêtée à bien traiter Ariste ;
Tu m'y fais réfléchir : outre un accueil fort triste,
Elle m'avoit tout l'air de se moquer de lui,
Et ne lui répondoit qu'avec un ton d'ennui :
Oh ! par exemple, ici tu ne peux pas me dire
Que Cléon ait montré le moindre goût de nuire,
Ni de choquer Ariste, ou de contrarier
Un projet dont ma sœur paroissoit s'ennuyer.
Car il ne disoit mot.

### LISETTE.

Non : mais à la sourdine,
Quand Ariste parloit, Cléon faisoit la mine ;
Il animoit madame en l'approuvant tout bas :
Son air, des demi-mots que vous n'entendiez pas,
Certain ricanement, un silence perfide ;
Voilà comme il parloit, et tout cela décide.
Vraiment il n'ira pas se montrer tel qu'il est,
Vous présent : il entend trop bien son intérêt ;
Il se sert de Florise, et sait se satisfaire
Du mal qu'il ne fait point par le mal qu'il fait faire.
Enfin, à me prêcher vous perdez votre temps :
Je ne l'aimerai pas, j'abhorre les méchants :
Leur esprit me déplaît comme leur caractère ;
Et les bons cœurs ont seuls le talent de me plaire.
Vous, monsieur, par exemple, à parler sans façon,
Je vous aime ; pourquoi ? c'est que vous êtes bon.

### GÉRONTE.

Moi ! je ne suis pas bon. Et c'est une sottise
Que pour un compliment...

### LISETTE.

Oui, bonté c'est bêtise,
Selon ce beau docteur : mais vous en reviendrez.
En attendant, en vain vous vous en défendrez,
Vous n'êtes pas méchant, et vous ne pouvez l'être.
Quelquefois, je le sais, vous voulez le paroître ;
Vous êtes, comme un autre, emporté, violent,
Et vous vous fâchez même assez honnêtement :
Mais au fond la bonté fait votre caractère,
Vous aimez qu'on vous aime, et je vous en révère.

### GÉRONTE.

Ma sœur vient : tu vas voir si j'ai tant de douceur,
Et si je suis si bon.

### LISETTE.

Voyons.

## SCENE III

### FLORISE, GÉRONTE, LISETTE.

GÉRONTE, d'un ton brusque.

Bonjour, ma sœur.

### FLORISE.

Ah dieux ! parlez plus bas, mon frère, je vous prie.

### GÉRONTE

Eh ! pourquoi, s'il vous plaît ?

### FLORISE.

                      Je suis anéantie :
Je n'ai pas fermé l'œil ; et vous criez si fort...

### GÉRONTE, bas, à Lisette.

Lisette, elle est malade.

### LISETTE, bas, à Géronte.

                    Et vous, vous êtes mort ;
Voilà donc ce courage ?

### FLORISE.

                  Allez savoir, Lisette,
Si l'on peut voir Cléon... Faut-il que je répète ?


## SCÈNE IV

### FLORISE, GÉRONTE.

### FLORISE.

Je ne sais ce que j'ai, tout m'excède aujourd'hui :
Aussi c'est vous... hier...

### GÉRONTE.

           Quoi donc ?

#### FLORISE.

       Oui, tout l'ennui
Que vous m'avez causé sur ce beau mariage,
Dont je ne vois pas bien l'important avantage,
Tous vos propos sans fin m'ont occupé l'esprit
Au point que j'ai passé la plus mauvaise nuit.

#### GÉRONTE.

Mais, ma sœur, ce parti...

#### FLORISE.

      Finissons là, de grâce :
Allez-vous m'en parler ? je vous cède la place.

#### GÉRONTE.

Un moment : je ne veux...

#### FLORISE.

       Tenez, j'ai de l'humeur,
Et je vous répondrois peut-être avec aigreur.
Vous savez que je n'ai de désirs que les vôtres :
Mais, s'il faut quelquefois prendre l'avis des autres,
Je crois que c'est surtout dans cette occasion.
Eh bien ! sur cette affaire entretenez Cléon :
C'est un ami sensé, qui voit bien, qui vous aime.
S'il approuve ce choix, j'y souscrirai moi-même.
Mais je ne pense pas, à parler sans détours,
Qu'il soit de votre avis, comme il en est toujours.
D'ailleurs, qui vous a fait hâter cette promesse ?
Tout bien considéré, je ne vois rien qui presse.

Oh ! mais, me dites-vous, on nous chicanera :
Ce seront des procès ! Eh bien ! on plaidera.
Faut-il qu'un intérêt d'argent, une misère,
Nous fasse ainsi brusquer une importante affaire ?
Cessez de m'en parler, cela m'excède.

GÉRONTE.

        Moi !
Je ne dis rien, c'est vous...

FLORISE.

     Belle alliance !

GÉRONTE.

        Eh ! quoi...

FLORISE.

La mère de Valère est maussade, ennuyeuse,
Sans usage du monde, une femme odieuse :
Que voulez-vous qu'on dise à de pareils oisons ?

GÉRONTE.

C'est une femme simple et sans prétentions,
Qui, veillant sur ses biens...

FLORISE.

     La belle emplette encore
Que ce Valère ! un fat qui s'aime, qui s'adore.

GÉRONTE.

L'agrément de cet âge en couvre les défauts :

Eh ! qui donc n'est pas fat ? tout l'est jusques aux sots.
Mais le temps remédie aux torts de la jeunesse.

#### FLORISE.

Non : il peut rester fat ; n'en voit-on pas sans cesse
Qui jusqu'à quarante ans gardent l'air éventé,
Et sont les vétérans de la fatuité ?

#### GÉRONTE.

Laissons cela. Cléon sera donc notre arbitre.
Je veux vous demander sur un autre chapitre
Un peu de complaisance, et j'espère, ma sœur...

#### FLORISE.

Ah ! vous savez trop bien tous vos droits sur mon cœur.

#### GÉRONTE.
Ariste doit ici...

#### FLORISE.
   Votre Ariste m'assomme ;
C'est, je vous l'avouerai, le plus plat honnête homme...

#### GÉRONTE.

Ne vous voilà-t-il pas ? j'aime tous vos amis ;
Tous ceux que vous voulez, vous les voyez admis :
Et moi, je n'en ai qu'un, que j'aime pour mon compte ;
Et vous le détestez : oh ! cela me démonte.
Vous l'avez accablé, contredit, abruti ;
Croyez-vous qu'il soit sourd, et qu'il n'ait rien senti,
Quoiqu'il n'ait rien marqué ? Vous autres, fortes têtes,

Vous voilà ! vous prenez tous les gens pour des bêtes,
Et, ne ménageant rien...

### FLORISE.

Eh mais ! tant pis pour lui,
S'il s'en est offensé ; c'est aussi trop d'ennui
S'il faut, à chaque mot, voir comme on peut le prendre ;
Je dis ce qu'il me vient, et l'on peut me le rendre ;
Le ridicule est fait pour notre amusement,
Et la plaisanterie est libre.

### GÉRONTE.

Mais vraiment,
Je sais bien, comme vous, qu'il faut un peu médire.
Mais en face des gens, il est trop fort d'en rire.
Pour conserver vos droits, je veux bien vous laisser
Tous ces lourds campagnards que je voudrois chasser
Quand ils viennent : raillez leurs façons, leur langage,
Et tout l'arrière-ban de notre voisinage ;
Mais grâce, je vous prie, et plus d'attention
Pour Ariste : il revient. Faites réflexion
Qu'il me croira, s'il est traité de même sorte,
Un maître à qui bientôt on fermera sa porte :
Je ne crois pas avoir cet air-là, Dieu merci.
Enfin, si vous m'aimez, traitez bien mon ami.

### FLORISE.

Par malheur, je n'ai point l'art de me contrefaire.
Il vient pour un sujet qui ne sauroit me plaire,
Et je lui manquerois indubitablement :
Je ne sortirai pas de mon appartement.

GÉRONTE.

Ce seroit une scène.

FLORISE.

Eh non ! je ferai dire
Que je suis malade.

GÉRONTE.

Oh ! toujours me contredire !

FLORISE.

Mais, marier Chloé ! mon frère, y pensez-vous ?
Elle est si peu formée, et si sotte, entre nous...

GÉRONTE.

Je ne vois pas cela. Je lui trouve, au contraire,
De l'esprit naturel, un fort bon caractère ;
Ce qu'elle est devant vous ne vient que d'embarras.
On imagineroit que vous ne l'aimez pas,
A vous la voir traiter avec tant de rudesse.
Loin de l'encourager, vous l'effrayez sans cesse,
Et vous l'abrutissez dès que vous lui parlez.
Sa figure est fort bien d'ailleurs.

FLORISE.

Si vous voulez.
Mais c'est un air si gauche, une maussaderie...

GÉRONTE, élève la voix, apercevant Lisette.

Tout comme il vous plaira. Finissons, je vous prie.

Puisque je l'ai promis, je veux bien voir Cléon,
Parce que je suis sûr de sa décision.
Mais, quoi qu'on puisse dire, il faut ce mariage ;
Il n'est point pour Chloé d'arrangement plus sage.
Feu son père, on le sait, a mangé tout son bien ;
Le vôtre est médiocre, elle n'a que le mien :
Et quand je donne tout, c'est bien la moindre chose
Qu'on daigne se prêter à ce que je propose.

Il sort.

FLORISE.

Qu'un sot est difficile à vivre !


## SCÈNE V

### FLORISE, LISETTE.

FLORISE.

      Eh bien, Cléon,
Paroîtra-t-il bientôt ?

LISETTE.

    Mais oui, si ce n'est non.

FLORISE.

Comment donc ?

LISETTE.

    Mais, madame, au ton dont il s'explique,
A son air, où l'on voit dans un rire ironique
L'estime de lui-même et le mépris d'autrui,
Comment peut-on savoir ce qu'on tient avec lui ?

Jamais ce qu'il vous dit n'est ce qu'il veut vous dire.
Pour moi, j'aime les gens dont l'âme peut se lire,
Qui disent bonnement oui pour oui, non pour non.

### FLORISE.

Autant que je puis voir, vous n'aimez pas Cléon.

### LISETTE.

Madame, je serai peut-être trop sincère.
Mais il a pleinement le don de me déplaire.
On lui croit de l'esprit, vous dites qu'il en a :
Moi, je ne voudrois point de tout cet esprit-là,
Quand il seroit pour rien. Je n'y vois, je vous jure,
Qu'un style qui n'est pas celui de la droiture ;
Et sous cet air capable, où l'on ne comprend rien,
S'il cache un honnête homme, il le cache très bien.

### FLORISE.

Tous vos raisonnements ne valent pas la peine
Que j'y réponde : mais pour calmer cette haine,
Disposez pour Paris tout votre arrangement :
Vous y suivrez Chloé ; je l'envoie au couvent.
Dites-lui de ma part...

### LISETTE.

   Voici mademoiselle :
Vous-même apprenez-lui cette belle nouvelle.

### FLORISE, à Chloé, qui lui baise la main.

Vous êtes aujourd'hui coiffée à faire horreur.
Elle sort.

## SCÈNE VI

### CHLOÉ, LISETTE.

#### CHLOÉ.

Quoi! suis-je donc si mal?

#### LISETTE.

                Bon! c'est une douceur
Qu'on vous dit en passant, par humeur, par envie;
Le tout pour vous punir d'oser être jolie :
N'importe; là-dessus allez votre chemin.

#### CHLOÉ.

Du chagrin qui me suit quand verrai-je la fin?
Je cherche à mériter l'amitié de ma mère;
Je veux la contenter, je fais tout pour lui plaire;
Je me sacrifierois : et tout ce que je fais
De son aversion augmente les effets.
Je suis bien malheureuse!

#### LISETTE.

                Ah! quittez ce langage,
Les lamentations ne sont d'aucun usage :
Il faut de la vigueur. Nous en viendrons à bout
Si vous me secondez : vous ne savez pas tout.

#### CHLOÉ.

Est-il quelque malheur au delà de ma peine?

LISETTE.

D'abord, parlez-moi vrai, sans que rien vous retienne.
Voyons; qu'aimez-vous mieux du cloître ou d'un époux?

CHLOÉ.

A quoi bon ce propos?

LISETTE.

C'est que j'ai près de vous
Des pouvoirs pour les deux. Votre oncle m'a chargée
De vous dire que c'est une affaire arrangée
Que votre mariage; et, d'un autre côté,
Votre mère m'a dit, avec même clarté,
De vous notifier qu'il falloit sans remise
Partir pour le couvent : jugez de ma surprise.

CHLOÉ.

Ma mère est ma maîtresse, il lui faut obéir;
Puisse-t-elle à ce prix cesser de me haïr!

LISETTE.

Doucement, s'il vous plaît, l'affaire n'est pas faite,
Et ma décision n'est pas pour la retraite;
Je ne suis point d'humeur d'aller périr d'ennui.
Frontin veut m'épouser, et j'ai du goût pour lui;
Je ne souffrirai pas l'exil qu'on nous ordonne.
Mais vous, n'aimez-vous plus Valère, qu'on vous donne?

CHLOÉ.

Tu le vois bien, Lisette, il n'y faut plus songer.

D'ailleurs, longtemps absent, Valère a pu changer :
La dissipation, l'ivresse de son âge,
Une ville où tout plaît, un monde où tout engage,
Tant d'objets séduisants, tant de divers plaisirs,
Ont loin de moi sans doute emporté ses désirs.
Si Valère m'aimoit, s'il songeoit que je l'aime,
J'aurois dû quelquefois l'apprendre de lui-même.
Qu'il soit heureux du moins ! pour moi, j'obéirai :
Aux ennuis de l'exil mon cœur est préparé ;
Et j'y dois expier le crime involontaire
D'avoir pu mériter la haine de ma mère.
A quoi rêves-tu donc ? tu ne m'écoutes pas.

LISETTE.

Fort bien... Voilà de quoi nous tirer d'embarras...
Et sûrement Florise...

CHLOÉ.

Eh bien ?

LISETTE.

Mademoiselle,
Soyez tranquille ; allez, fiez-vous à mon zèle ;
Nous verrons sans pleurer la fin de tout ceci.
C'est Cléon qui nous perd, et brouille tout ici :
Mais malgré son crédit je vous donne Valère.
J'imagine un moyen d'éclairer votre mère
Sur le fourbe insolent qui la mène aujourd'hui ;
Et nous la guérirons du goût qu'elle a pour lui :
Vous verrez.

CHLOÉ.

Ne fais rien que ce qu'elle souhaite :
Que ses vœux soient remplis, et je suis satisfaite.


## SCÈNE VII

### LISETTE.

Pour faire son bonheur je n'épargnerai rien.
Hélas! on ne fait plus de cœurs comme le sien.

# ACTE II

## SCÈNE PREMIÈRE

### CLÉON, FRONTIN.

CLÉON.

Qu'est-ce donc que cet air d'ennui, d'impatience
Tu fais tout de travers : tu gardes le silence ;
Je ne t'ai jamais vu de si mauvaise humeur.

FRONTIN.

Chacun a ses chagrins.

CLÉON.

Ah ! tu me fais l'honneur
De me parler enfin. Je parviendrai peut-être
A voir de quel sujet tes chagrins peuvent naître.
Mais, à propos, Valère ?

FRONTIN.

        Un de vos gens viendra
M'avertir en secret dès qu'il arrivera.
Mais pourrois-je savoir d'où vient tout ce mystère?
Je ne comprends pas trop le projet de Valère :
Pourquoi, lui qu'on attend, qui doit bientôt, dit-on,
Se voir avec Chloé l'enfant de la maison,
Prétend-il vous parler sans se faire connoître?

CLÉON.

Quand il en sera temps, je le ferai paroître.

FRONTIN.

Je n'y vois pas trop clair : mais le peu que j'y vois
Me paroît mal à vous, et dangereux pour moi.
Je vous ai, comme un sot, obéi sans mot dire :
J'ai réfléchi depuis. Vous m'avez fait écrire
Deux lettres, dont chacune, en honnête maison,
A celui qui l'écrit vaut cent coups de bâton.

CLÉON.

Je te croyois du cœur. Ne crains point d'aventure :
Personne ne connoît ici ton écriture;
Elles arriveront de Paris; et pourquoi
Veux-tu que le soupçon aille tomber sur toi?
La mère de Valère a sa lettre, sans doute;
Et celle de Géronte?...

FRONTIN.

        Elle doit être en route :

La poste d'aujourd'hui va l'apporter ici.
Mais sérieusement tout ce manège-ci
M'alarme, me déplaît, et, ma foi, j'en ai honte.
Y pensez-vous, monsieur? Quoi! Florise et Géronte
Vous comblent d'amitié, de plaisirs et d'honneurs,
Et vous mandez sur eux quatre pages d'horreurs!
Valère, d'autre part, vous aime à la folie :
Il n'a d'autre défaut qu'un peu d'étourderie;
Et, grâce à vous, Géronte en va voir le portrait
Comme d'un libertin et d'un colifichet.
Cela finira mal.

### CLÉON.

Oh ! tu prends au tragique
Un débat qui pour moi ne sera que comique ;
Je me prépare ici de quoi me réjouir,
Et la meilleure scène, et le plus grand plaisir...
J'ai bien voulu pour eux quitter un temps la ville :
Ne point m'en amuser seroit être imbécile ;
Un peu de bruit rendra ceci moins ennuyeux,
Et me paiera du temps que je perds avec eux.
Valère à mon projet lui-même contribue.
C'est un de ces enfants dont la folle recrue
Dans les sociétés vient tomber tous les ans,
Et lasse tout le monde, excepté leurs parents.
Crois-tu que sur ma foi tout son espoir se fonde ?
Le hasard me l'a fait rencontrer dans le monde :
Ce petit étourdi s'est pris de goût pour moi,
Et me croit son ami, je ne sais pas pourquoi.
Avant que dans ces lieux je vinsse avec Florise,
J'avois tout arrangé pour qu'il eût Cidalise :

Elle a, pour la plupart, formé nos jeunes gens :
J'ai demandé pour lui quelques mois de son temps.
Soit que cette aventure, ou quelque autre l'engage...
Voulant absolument rompre son mariage,
Il m'a vingt fois écrit d'employer tous mes soins
Pour le faire manquer, ou l'éloigner du moins ;
Parbleu ! je vous le sers de la bonne manière.

### FRONTIN.

Oui, vous voilà chargé d'une très belle affaire !

### CLÉON.

Mon projet étoit bien qu'il se tînt à Paris ;
C'est malgré mes conseils qu'il vient en ce pays.
Depuis longtemps, dit-il, il n'a point vu sa mère ;
Il compte, en lui parlant, gagner ce qu'il espère.

### FRONTIN.

Mais vous, quel intérêt... Pourquoi vouloir aigrir
Des gens que pour toujours ce nœud doit réunir?
Et pourquoi seconder la bizarre entreprise
D'un jeune écervelé qui fait une sottise ?

### CLÉON.

Quand je n'y trouverois que de quoi m'amuser,
Oh ! c'est le droit des gens, et je veux en user.
Tout languit, tout est mort sans la tracasserie ;
C'est le ressort du monde, et l'âme de la vie ;
Bien fou qui là-dessus contraindroit ses désirs ;
Les sots sont ici-bas pour nos menus plaisirs.

Mais un autre intérêt que la plaisanterie
Me détermine encore à cette brouillerie.

### FRONTIN.

Comment donc ! à Chloé songeriez-vous aussi ?
Florise croit pourtant que vous n'êtes ici
Que pour son compte, au moins. Je pense que sa fille
Lui pèse horriblement; et la voir si gentille
L'afflige : je lui vois l'air sombre et soucieux
Lorsque vous regardez longtemps Chloé.

### CLÉON.

Tant mieux.
Elle ne me dit rien de cette jalousie :
Mais j'ai bien remarqué qu'elle en étoit remplie,
Et je la laisse aller.

### FRONTIN.

C'est-à-dire, à peu près,
Que Valère écarté sert à vos intérêts.
Mais je ne comprends pas quel dessein est le vôtre;
Quoi ! Florise et Chloé ?...

### CLÉON.

Moi ! ni l'une, ni l'autre.
Je n'agis ni par goût, ni par rivalité :
M'as-tu donc jamais vu dupe d'une beauté ?
Je sais trop les défauts, les retours qu'on nous cache :
Toute femme m'amuse, aucune ne m'attache;
Si par hasard aussi je me vois marié,
Je ne m'ennuierai point pour ma chère moitié;

Aimera qui pourra. Florise, cette folle,
Dont je tourne à mon gré l'esprit faux et frivole.
Qui, malgré l'âge, encore a des prétentions,
Et me croit transporté de ses perfections,
Florise pense à moi. C'est pour notre avantage
Qu'elle veut de Chloé rompre le mariage,
Vu que l'oncle à la nièce assurant tout son bien,
S'il venoit à mourir, Florise n'auroit rien.
Le point est d'empêcher qu'il ne se dessaisisse ;
Et je souhaite fort que cela réussisse :
Si nous pouvons parer cette donation,
Je ne répondrois pas d'une tentation
Sur cet hymen secret dont Florise me presse ;
D'un bien considérable elle sera maîtresse ;
Et je n'épouserois que sous condition
D'une très-bonne part dans la succession.
D'ailleurs Géronte m'aime : il se peut très-bien faire
Que son choix me regarde en renvoyant Valère ;
Et, sur la fille alors arrêtant mon espoir,
Je laisserai la mère à qui voudra l'avoir.
Peut-être tout ceci n'est que vaines chimères.

### FRONTIN.

Je le croirois assez.

### CLÉON.

Aussi n'y tiens-je guères,
Et je ne m'en fais point un fort grand embarras :
Si rien ne réussit, je ne m'en pendrai pas.
Je puis avoir Chloé, je puis avoir Florise ;
Mais, quand je manquerois l'une et l'autre entreprise,

J'aurai, chemin faisant, les ayant conseillés,
Le plaisir d'être craint et de les voir brouillés.

FRONTIN.

Fort bien ! mais si j'osois vous dire en confidence
Où cela va tout droit...

CLÉON.

Eh bien ?

FRONTIN.

En conscience,
Cela vise à nous voir donner notre congé.
Déjà, vous le savez, et j'en suis affligé,
Pour vos maudits plaisirs on nous a pour la vie
Chassés de vingt maisons.

CLÉON.

Chassés ! quelle folie !

FRONTIN.

Oh ! c'est un mot pour l'autre, et puisqu'il faut choisir,
Point chassés, mais priés de ne plus revenir.
Comment n'aimez-vous pas un commerce plus stable ?
Avec tout votre esprit, et pouvant être aimable,
Ne prétendez-vous donc qu'au triste amusement
De vous faire haïr universellement ?

CLÉON.

Cela m'est fort égal : on me craint, on m'estime ;
C'est tout ce que je veux ; et je tiens pour maxime

Que la plate amitié, dont on fait tant de cas,
Ne vaut pas les plaisirs des gens qu'on n'aime pas :
Être cité, mêlé dans toutes les querelles,
Les plaintes, les rapports, les histoires nouvelles,
Être craint à la fois et désiré partout,
Voilà ma destinée et mon unique goût.
Quant aux amis, crois-moi, ce vain nom qu'on se donne
Se prend chez tout le monde, et n'est vrai chez personne;
J'en ai mille, et pas un. Veux-tu que, limité
Au petit cercle obscur d'une société,
J'aille m'ensevelir dans quelque coterie?
Je vais où l'on me plaît, je pars quand on m'ennuie,
Je m'établis ailleurs, me moquant au surplus
D'être haï des gens chez qui je ne vais plus :
C'est ainsi qu'en ce lieu, si la chance varie,
Je comte planter là toute la compagnie.

### FRONTIN.

Cela vous plaît à dire et ne m'arrange pas :
De voir tout l'univers vous pouvez faire cas;
Mais je suis las, monsieur, de cette vie errante :
Toujours visages neufs, cela m'impatiente;
On ne peut, grâce à vous, conserver un ami;
On est tantôt au nord, et tantôt au midi :
Quand je vous crois logé, j'y compte, je me lie
Aux femmes de madame, et je fais leur partie,
J'ose même avancer que je vous fais honneur :
Point du tout, on vous chasse, et votre serviteur.
Je ne puis plus souffrir cette humeur vagabonde,
Et vous ferez tout seul le voyage du monde.
Moi, j'aime ici, j'y reste.

CLÉON.

     Et quels sont les appas,
L'heureux objet...

FRONTIN.

    Parbleu! ne vous en moquez pas,
Lisette vaut, je crois, la peine qu'on s'arrête ;
Et je veux l'épouser.

CLÉON.

     Tu serois assez bête
Pour te marier, toi? ton amour, ton dessein,
N'ont pas le sens commun.

FRONTIN.

      Il faut faire une fin ;
Et ma vocation est d'épouser Lisette :
J'aimois assez Marton, et Nérine, et Finette,
Mais quinze jours chacune, ou toutes à la fois ;
Mon amour le plus long n'a point passé le mois :
Mais ce n'est plus cela, tout autre amour m'ennuie ;
Je suis fou de Lisette, et j'en ai pour la vie.

CLÉON.

Quoi! tu veux te mêler aussi de sentiment ?

FRONTIN.

Comme un autre.

CLÉON.

    Le fat! Aime moins tristement ;

Pasquin, Lolive, et cent d'amour aussi fidèle,
L'ont aimée avant toi, mais sans se charger d'elle :
Pourquoi veux-tu payer pour tes prédécesseurs ?
Fais de même; aucun d'eux n'est mort de ses rigueurs.

#### FRONTIN.

Vous la connoissez mal, c'est une fille sage.

#### CLÉON.

Oui, comme elles le sont.

#### FRONTIN.

     Oh ! monsieur, ce langage
Nous brouillera tous deux.

#### CLÉON, après un moment de silence.

     Eh bien ! écoute-moi.
Tu me conviens, je t'aime, et si l'on veut de toi,
J'emploierai tous mes soins pour t'unir à Lisette;
Soit ici, soit ailleurs, c'est une affaire faite.

#### FRONTIN.

Monsieur, vous m'enchantez.

#### CLÉON.

     Ne va point nous trahir.
Vois si Valère arrive, et reviens m'avertir.

## SCÈNE II

### CLÉON.

Frontin est amoureux; je crains bien qu'il ne cause.
Comment parer le risque où son amour m'expose?
Mais si je lui donnois quelque commission
Pour Paris? oui, vraiment, l'expédient est bon :
J'aurai seul mon secret; et si, par aventure,
On sait que les billets sont de son écriture,
Je dirai que de lui je m'étois défié,
Que c'étoit un coquin, et qu'il est renvoyé.


## SCÈNE III

### FLORISE, CLÉON.

#### FLORISE.

Je vous cherche partout. Ce que prétend mon frère
Est-il vrai? Vous parlez, m'a-t-il dit, pour Valère.
Changeriez-vous d'avis?

#### CLÉON.

        Comment! vous l'avez cru?

#### FLORISE.

Mais il en est si plein et si bien convaincu...

#### CLÉON.

Tant mieux. Malgré cela soyez persuadée
Que tout ce beau projet ne sera qu'en idée;
Vous y pouvez compter, je vous réponds de tout :
Et ne paroissant pas contrarier son goût,
J'en suis beaucoup plus maître; et la bête est si bonne,
Soit dit sans vous fâcher...

#### FLORISE.

Ah! je vous l'abandonne;
Faites-en les honneurs : je me sens, entre nous,
Sa sœur on ne peut moins.

#### CLÉON.

Je pense comme vous;
La parenté m'excède, et ces liens, ces chaînes
De gens dont on partage ou les torts ou les peines,
Tout cela préjugés, misères du vieux temps;
C'est pour le peuple enfin que sont faits les parents.
Vous avez de l'esprit, et votre fille est sotte,
Vous avez pour surcroît un frère qui radote,
Eh bien! c'est leur affaire après tout : selon moi,
Tous ces noms ne sont rien, chacun n'est que pour soi.

#### FLORISE.

Vous avez bien raison : je vous dois le courage
Qui me soutient contre eux, contre ce mariage.
L'affaire presse au moins, il faut se décider :
Ariste nous arrive, il vient de le mander;
Et, par une façon des galants du vieux style,

Géronte sur la route attend l'autre imbécile ;
Il compte voir ce soir les articles signés.

### CLÉON.

Et ce soir finira tout ce que vous craignez.
Premièrement, sans vous on ne peut rien conclure ;
Il faudra, ce me semble, un peu de signature
De votre part; ainsi tout dépendra de vous :
Refusez de signer, grondez et boudez-nous ;
Car, pour me conserver toute sa confiance,
Je serai contre vous moi-même en sa présence,
Et je me fâcherois, s'il en étoit besoin :
Mais nous l'emporterons sans prendre tout ce soin.
Il m'est venu, d'ailleurs, une assez bonne idée,
Et dont, faute de mieux, vous pourrez être aidée...
Mais non ; car ce seroit un moyen un peu fort :
J'aime trop à vous voir vivre de bon accord.

### FLORISE.

Oh ! vous me le direz. Quel scrupule est le vôtre ?
Quoi ! ne pensons-nous pas tout haut l'un devant l'autre ?
Vous savez que mon goût tient plus à vous qu'à lui ;
Et que vos seuls conseils sont ma règle aujourd'hui.
Vous êtes honnête homme, et je n'ai point à craindre
Que vous proposiez rien dont je puisse me plaindre ;
Ainsi, confiez-moi tout ce qui peut servir
A combattre Géronte, ainsi qu'à nous unir.

### CLÉON.

Au fond, je n'y vois pas de quoi faire un mystère...

Et c'est ce que de vous mérite votre frère.
Vous m'avez dit, je crois, que jamais sur les biens
On n'avoit éclairci ni vos droits ni les siens,
Et que, vous assurant d'avoir son héritage,
Vous aviez au hasard réglé votre partage :
Vous savez à quel point il déteste un procès,
Et qu'il donne Chloé pour acheter la paix :
Cela fait contre lui la plus belle matière.
Des biens à répéter, des partages à faire ;
Vous voyez que voilà de quoi le mettre aux champs
En lui faisant prévoir un procès de dix ans :
S'il va donc s'obstiner, malgré vos répugnances
A l'établissement qui rompt nos espérances,
Partons d'ici, plaidez ; une assignation
Détruira le projet de la donation :
Il ne peut pas souffrir d'être seul ; vous partie,
On ne me verra plus lui tenir compagnie ;
Et quant à vos procès, ou vous les gagnerez,
Ou vous plaiderez tant que vous l'achèverez.

### FLORISE.

Contre les préjugés dont votre âme est exempte,
La mienne, par malheur, n'est pas aussi puissante,
Et je vous avouerai mon imbécillité :
Je n'irois pas sans peine à cette extrémité.
Il m'a toujours aimée, et j'aimois à lui plaire ;
Et soit cette habitude ou quelque autre chimère,
Je ne puis me résoudre à le désespérer :
Mais votre idée au moins sur lui peut opérer,
Dites-lui qu'avec vous, paroissant fort aigrie,
J'ai parlé de procès, de biens, de brouillerie,

De départ; et qu'enfin, s'il me poussoit à bout,
Vous avez entrevu que je suis prête à tout.

### CLÉON.

S'il s'obstine pourtant, quoi qu'on lui puisse dire...
On pourroit consulter pour le faire interdire,
Ne le laisser jouir que d'une pension :
Mon procureur fera cette expédition;
C'est un homme admirable, et qui, par son adresse,
Auroit fait enfermer les sept sages de Grèce,
S'il eût plaidé contre eux. S'il est quelque moyen
De vous faire passer ses droits et tout son bien,
L'affaire est immanquable, il ne faut qu'une lettre
De moi.

### FLORISE.

Non, différez... Je crains de me commettre :
Dites-lui seulement, s'il ne veut point céder,
Que je suis, malgré vous, résolue à plaider.
De l'humeur dont il est, je crois être bien sûre
Que sans mon agrément il craindra de conclure;
Et, pour me ramener ne négligeant plus rien,
Vous le verrez finir pour m'assurer son bien.
Au reste, vous savez pourquoi je le désire.

### CLÉON.

Vous connoissez aussi le motif qui m'inspire,
Madame : ce n'est pas du bien que je prétends,
Et mon goût seul pour vous fait mes engagements.
Des amants du commun j'ignore le langage,
Et jamais la fadeur ne fut à mon usage :

Mais je vous le redis tout naturellement,
Votre genre d'esprit me plaît infiniment ;
Et je ne sais que vous avec qui j'aie envie
De penser, de causer, et de passer ma vie ;
C'est un goût décidé.

### FLORISE.

Puis-je m'en assurer ?
Et loin de tout ici pourrez-vous demeurer ?
Je ne sais, répandu, fêté comme vous l'êtes,
Je vois plus d'un obstacle au projet que vous faites :
Peut-être votre goût vous a séduit d'abord ;
Mais tout Paris...

### CLÉON.

Paris ! il m'ennuie à la mort,
Et je ne vous fais pas un fort grand sacrifice
En m'éloignant d'un monde à qui je rends justice ;
Tout ce qu'on est forcé d'y voir et d'endurer
Passe bien l'agrément qu'on peut y rencontrer.
Trouver à chaque pas des gens insupportables,
Des flatteurs, des valets, des plaisants détestables,
Des jeunes gens d'un ton, d'une stupidité !...
Des femmes d'un caprice, et d'une fausseté !...
Des prétendus esprits souffrir la suffisance,
Et la grosse gaîté de l'épaisse opulence,
Tant de petits talents où je n'ai point de foi ;
Des réputations on ne sait pas pourquoi ;
Des protégés si bas, des protecteurs si bêtes...
Des ouvrages vantés qui n'ont ni pieds ni têtes ;
Faire des soupers fins où l'on périt d'ennui ;

Veiller par air, enfin se tuer pour autrui;
Franchement, des plaisirs, des biens de cette sorte,
Ne font pas, quand on pense, une chaîne bien forte :
Et, pour vous parler vrai, je trouve plus sensé
Un homme sans projets dans sa terre fixé,
Qui n'est ni complaisant, ni valet de personne,
Que tous ces gens brillants qu'on mange, qu'on friponne,
Qui, pour vivre à Paris avec l'air d'être heureux,
Au fond n'y sont pas moins ennuyés qu'ennuyeux.

### FLORISE.

J'en reconnais grand nombre à ce portrait fidèle.

### CLÉON.

Paris me fait pitié, lorsque je me rappelle
Tant d'illustres faquins, d'insectes freluquets...

### FLORISE.

Votre estime, je crois, n'a pas fait plus de frais
Pour les femmes?

### CLÉON.

         Pour vous je n'ai point de mystères,
Et vous verrez ma liste avec les caractères :
J'aime l'ordre, et je garde une collection
Des lettres dont je puis faire une édition.
Vous ne vous doutiez pas qu'on pût avoir Lesbie;
Vous verrez de sa prose. Il me vient une envie
Qui peut nous réjouir dans ces lieux écartés,
Et désoler là-bas bien des sociétés;
Je suis tenté, parbleu, d'écrire mes mémoires;

J'ai des traits merveilleux, mille bonnes histoires
Qu'on veut cacher...

FLORISE.

Cela sera délicieux.

CLÉON.

J'y ferai des portraits qui sauteront aux yeux.
Il m'en vient déjà vingt qui retiennent des places :
Vous y verrez Mélite avec toutes ses grâces ;
Et ce que j'en dirai tempérera l'amour
De nos petits messieurs qui rôdent à l'entour.
Sur l'aigre Céliante, et la fade Uranie
Je compte bien aussi passer ma fantaisie ;
Pour le petit Damis, et monsieur Dorilas,
Et certain plat seigneur, l'automate Alcidas,
Qui, glorieux et bas, se croit un personnage ;
Tant d'autres importants, esprits du même étage ;
Oh ! fiez-vous à moi, je veux les célébrer
Si bien que de six mois ils n'osent se montrer.
Ce n'est pas sur leurs mœurs que je veux qu'on en cause,
Un vice, un déshonneur, font assez peu de chose,
Tout cela dans le monde est oublié bientôt ;
Un ridicule reste, et c'est ce qu'il leur faut.
Qu'en dites-vous ? cela peut faire un bruit du diable,
Une brochure unique, un ouvrage admirable,
Bien scandaleux, bien bon : le style n'y fait rien ;
Pourvu qu'il soit méchant, il sera toujours bien.

FLORISE.

L'idée est excellente, et la vengeance est sûre.

Je vous prierai d'y joindre avec quelque aventure
Une madame Orphise, à qui j'en dois d'ailleurs,
Et qui mérite bien quelques bonnes noirceurs;
Quoiqu'elle soit affreuse, elle se croit jolie,
Et de l'humilier j'ai la plus grande envie.
Je voudrois que déjà votre ouvrage fût fait.

### CLÉON.

On peut toujours à compte envoyer son portrait,
Et dans trois jours d'ici désespérer la belle.

### FLORISE.

Et comment?

### CLÉON.

On peut faire une chanson sur elle;
Cela vaut mieux qu'un livre, et court tout l'univers.

### FLORISE.

Oui, c'est très-bien pensé; mais faites-vous des vers?

### CLÉON.

Qui n'en fait pas? est-il si mince coterie
Qui n'ait son bel-esprit, son plaisant, son génie?
Petits auteurs honteux, qui font, malgré les gens,
Des bouquets, des chansons et des vers innocents.
Oh! pour quelques couplets, fiez-vous à ma muse:
Si votre Orphise en meurt, vous plaire est mon excuse:
Tout ce qui vit n'est fait que pour nous réjouir,
Et se moquer du monde est tout l'art d'en jouir.
Ma foi, quand je parcours tout ce qui le compose,
Je ne trouve que nous qui valions quelque chose.

## SCÈNE IV

### CLÉON, FLORISE, FRONTIN.

FRONTIN, un peu éloigné.

Monsieur, je voudrois bien...

CLÉON.

Attends...

A Florise.

Permettez-vous?...

FLORISE.

Veut-il vous parler seul?

FRONTIN.

Mais, madame...

FLORISE.

Entre nous
Entière liberté. Frontin est impayable;
Il vous sert bein, je l'aime.

CLÉON, à Florise qui sort.

Il est assez bon diable.
Un peu bête....

## SCÈNE V

### CLÉON, FRONTIN.

#### FRONTIN.

Ah ! monsieur, ma réputation
Se passeroit fort bien de votre caution ;
De mon panégyrique épargnez-vous la peine.
Valère entrera-t-il ?

#### CLÉON.

Je ne veux pas qu'il vienne.
Ne t'avois-je pas dit de venir m'avertir,
Que j'irois le trouver ?

#### FRONTIN.

Il a voulu venir :
Je ne suis point garant de cette extravagance ;
Il m'a suivi de loin, malgré ma remontrance,
Se croyant invisible, à ce que je conçois,
Parce qu'il a laissé sa chaise dans le bois.
Caché près de ces lieux, il attend qu'on l'appelle.

#### CLÉON.

Florise heureusement vient de rentrer chez elle.
Qu'il vienne. Observe tout pendant notre entretien.

## SCÈNE VI

### CLÉON.

L'affaire est en bon train, et tout ira fort bien
Après que j'aurai fait la leçon à Valère
Sur toute la maison, et sur l'art d'y déplaire :
Avec son ton, ses airs et sa frivolité,
Il n'est pas mal en fonds pour être détesté ;
Une vieille franchise à ses talents s'oppose ;
Sans cela l'on pourroit en faire quelque chose.

## SCÈNE VII

### VALÈRE, en habit de campagne ; CLÉON.

#### VALÈRE, embrassant Cléon.

Eh ! bonjour, cher Cléon ! je suis comblé, ravi
De retrouver enfin mon plus fidèle ami.
Je suis au désespoir des soins dont vous accable
Ce mariage affreux : vous êtes adorable !
Comment reconnoîtrai-je...

#### CLÉON.

     Ah ! point de compliments ;
Quand on peut être utile, et qu'on aime les gens,

On est payé d'avance... Eh bien ! quelles nouvelles
A Paris ?

VALÈRE.

Oh ! cent mille, et toutes des plus belles :
Paris est ravissant ; et je crois que jamais
Les plaisirs n'ont été si nombreux, si parfaits,
Les talents plus féconds, les esprits plus aimables ;
Le goût fait chaque jour des progrès incroyables ;
Chaque jour le génie et la diversité
Viennent nous enrichir de quelque nouveauté.

CLÉON.

Tout vous paroît charmant, c est le sort de votre âge;
Quelqu'un pourtant m'écrit (et j'en crois son suffrage)
Que de tout ce qu'on voit on est fort ennuyé ;
Que les arts, les plaisirs, les esprits font pitié ;
Qu'il ne nous reste plus que des superficies,
Des pointes, du jargon, de tristes facéties ;
Et qu'à force d'esprit et de petits talents
Dans peu nous pourrions bien n'avoir plus le bon sens.
Comment, vous qui voyez si bien les ridicules,
Ne m'en dites-vous rien ? tenez-vous aux scrupules,
Toujours bon, toujours dupe ?

VALÈRE.

Oh ! non, en vérité,
Mais c'est que je vois tout assez du bon côté :
Tout est colifichet, pompon et parodie.
Le monde, comme il est, me plaît à la folie.
Les belles tous les jours vous trompent, on leur rend ;

On se prend, on se quitte assez publiquement ;
Les maris savent vivre, et sur rien ne contestent ;
Les hommes s'aiment tous, les femmes se détestent
Mieux que jamais : enfin c'est un monde charmant ;
Et Paris s'embellit délicieusement.

CLÉON.

Et Cidalise ?...

VALÈRE.

  Mais...

CLÉON.

    C'est une affaire faite ?
Sans doute vous l'avez ?... Quoi ! la chose est secrète ?

VALÈRE.

Mais cela fût-il vrai, le dirois-je ?

CLÉON.

     Partout ;
Et ne point l'annoncer, c'est mal servir son goût.

VALÈRE.

Je m'en détacherois si je la croyois telle.
J'ai, je vous l'avouerai, beaucoup de goût pour elle ;
Et pour l'aimer toujours, si je m'en fais aimer,
J'observe ce qui peut me la faire estimer.

CLÉON, avec un grand éclat de rire.

Feu Céladon, je crois, vous a légué son âme :
Il faudroit des six mois pour aimer une femme,
Selon vous ; on perdroit son temps, la nouveauté,

Et le plaisir de faire une infidélité.
Laissez la bergerie, et, sans trop de franchise,
Soyez de votre siècle, ainsi que Cidalise :
Ayez-la, c'est d'abord ce que vous lui devez,
Et vous l'estimerez après si vous pouvez :
Au reste, affichez tout. Quelle erreur est la vôtre !
Ce n'est qu'en se vantant de l'une qu'on a l'autre,
Et l'honneur d'enlever l'amant qu'une autre a pris
A nos gens du bel air met souvent tout leur prix.

### VALÈRE.

Je vous en crois assez... Eh bien ! mon mariage ?
Concevez-vous ma mère, et tout ce radotage ?

### CLÉON.

N'en appréhendez rien. Mais, soit dit entre nous,
Je me reproche un peu ce que je fais pour vous ;
Car enfin, si, voulant prouver que je vous aime,
J'aide à vous nuire, et si vous vous trompez vous-même
En fuyant un parti peut-être avantageux ?

### VALÈRE.

Eh ! non : vous me sauvez un ridicule affreux.
Que diroit-on de moi, si j'allois, à mon âge,
D'un ennuyeux mari jouer le personnage ?
Ou j'aurois une prude au ton triste, excédant,
Une bégueule enfin qui seroit mon pédant ;
Ou si, pour mon malheur, ma femme étoit jolie,
Je serois le martyr de sa coquetterie.
Fuir Paris, ce seroit m'égorger de ma main.
Quand je puis m'avancer et faire mon chemin,

Irois-je, accompagné d'une femme importune,
Me rouiller dans ma terre et borner ma fortune ?
Ma foi, se marier, à moins qu'on ne soit vieux,
Fi ! cela me paroît ignoble, crapuleux.

### CLÉON.

Vous pensez juste.

### VALÈRE.

    A vous en est toute la gloire :
D'après vos sentiments, je prévois mon histoire,
Si j'allois m'enchaîner ; et je ne vous vois pas
Le plus petit scrupule à m'ôter d'embarras.

### CLÉON.

Mais malheureusement on dit que votre mère
Par de mauvais conseils s'obstine à cette affaire :
Elle a chez elle un homme, ami de ces gens-ci,
Qui, dit-on, avec elle est assez bien aussi ;
Un Ariste, un esprit d'assez grossière étoffe :
C'est une espèce d'ours qui se croit philosophe.
Le connoissez-vous ?

### VALÈRE.

    Non, je ne l'ai jamais vu ;
Chez moi depuis six ans je ne suis pas venu ;
Ma mère m'a mandé que c'est un homme sage,
Fixé depuis longtemps dans notre voisinage ;
Que c'étoit son ami, son conseil aujourd'hui,
Et qu'elle prétendoit me lier avec lui.

### CLÉON.

Je ne vous dirai pas tout ce qu'on en raconte ;

Il vous suffit qu'elle est aveugle sur son compte :
Mais moi, qui vois pour vous les choses de sang-froid,
Au fond je ne puis croire Ariste un homme droit :
Géronte est son ami, cela depuis l'enfance.

### VALÈRE.

A mes dépens peut-être ils sont d'intelligence ?

### CLÉON.

Cela m'en a tout l'air.

### VALÈRE.

J'aime mieux un procès :
J'ai des amis là-bas, je suis sûr du succès.

### CLÉON.

Quoique je sois ici l'ami de la famille,
Je dois vous parler franc. A moins d'aimer leur fille,
Je ne vois pas pourquoi vous vous empresseriez
Pour pareille alliance. On dit que vous l'aimiez
Quand vous étiez ici ?

### VALÈRE.

Mais assez, ce me semble ;
Nous étions élevés, accoutumés ensemble ;
Je la trouvois gentille, elle me plaisoit fort :
Mais Paris guérit tout, et les absents ont tort.
On m'a mandé souvent qu'elle étoit embellie.
Comment la trouvez-vous ?

### CLÉON.

Ni laide, ni jolie ;

C'est un de ces minois que l'on a vus partout,
Et dont on ne dit rien.

VALÈRE.

J'en crois fort votre goût.

CLÉON.

Quant à l'esprit, néant ; il n'a pas pris la peine
Jusqu'ici de paroître, et je doute qu'il vienne ;
Ce qu'on voit à travers son petit air boudeur,
C'est qu'elle sera fausse et qu'elle a de l'humeur.
On la croit une Agnès ; mais comme elle a l'usage
De sourire à des traits un peu forts pour son âge,
Je la crois avancée ; et, sans trop me vanter,
Si je m'étois donné la peine de tenter...
Enfin, si je n'ai pas suivi cette conquête,
*La faute en est aux dieux, qui la firent si* bête.

VALÈRE.

Assurément Chloé seroit une beauté,
Que sur ce portrait-là j'en serois peu tenté.
Allons, je vais partir ; et comptez que j'espère
Dans deux heures d'ici désabuser ma mère :
Je laisse en bonnes mains...

CLÉON.

Non ; il vous faut rester.

VALÈRE.

Mais comment voulez-vous ici me présenter ?

#### CLÉON.

Non pas dans le moment : dans une heure.

#### VALÈRE.

                                                  A votre aise.

#### CLÉON.

Il faut que vous alliez retrouver votre chaise :
Dans l'instant que Géronte ici sera rentré
(Car c'est lui qu'il nous faut), je vous le manderai ;
Et vous arriverez par la route ordinaire,
Comme ayant prétendu nous surprendre et nous plaire.

#### VALÈRE.

Comment concilier cet air impatient,
Cette galanterie avec mon compliment ?
C'est se moquer de l'oncle, et c'est me contredire :
Toute mon ambassade est réduite à lui dire
Que je serai (soit dit dans le plus simple aveu)
Toujours son serviteur, et jamais son neveu.

#### CLÉON.

Et voilà justement ce qu'il ne faut pas faire :
Ce ton d'autorité choqueroit votre mère :
Il faut dans vos propos paroître consentir,
Et tâcher, d'autre part, de ne point réussir.
Écoutez : conservons toutes les vraisemblances ;
On ne doit se lâcher sur les impertinences
Que selon le besoin, selon l'esprit des gens ;
Il faut, pour les mener, les prendre dans leur sens :
L'important est d'abord que l'oncle vous déteste ;
Si vous y parvenez, je vous réponds du reste.

Or, notre oncle est un sot, qui croit avoir reçu
Toute sa part d'esprit en bon sens prétendu ;
De tout usage antique amateur idolâtre,
De toutes nouveautés frondeur opiniâtre,
Homme d'un autre siècle, et ne suivant en tout
Pour ton qu'un vieux honneur, pour loi que le vieux goût ;
Cerveau des plus bornés, qui, tenant pour maxime
Qu'un seigneur de paroisse est un être sublime,
Vous entretient sans cesse avec stupidité
De son banc, de ses soins et de sa dignité :
On n'imagine pas combien il se respecte ;
Ivre de son château, dont il est l'architecte,
De tout ce qu'il a fait sottement entêté,
Possédé du démon de la propriété,
Il réglera pour vous son penchant ou sa haine
Sur l'air dont vous prendrez tout son petit domaine.
D'abord, en arrivant, il faut vous préparer
A le suivre partout, tout voir, tout admirer,
Son parc, son potager, ses bois, son avenue ;
Il ne vous fera pas grâce d'une laitue.
Vous, au lieu d'approuver, trouvant tout fort commun,
Vous ne lui paroîtrez qu'un fat très-importun,
Un petit raisonneur, ignorant, indocile.
Peut-être ira-t-il même à vous croire imbécile.

### VALÈRE.

Oh ! vous êtes charmant... Mais n'aurois-je point tort ?
J'ai de la répugnance à le choquer si fort.

### CLÉON.

Eh bien !... mariez-vous... Ce que je viens de dire
N'étoit que pour forcer Géronte à se dédire,

Comme vous désiriez; moi, je n'exige rien;
Tout ce que vous ferez sera toujours très bien;
Ne consultez que vous.

### VALÈRE.

Écoutez-moi, de grâce;
Je cherche à m'éclairer.

### CLÉON.

Mais tout vous embarrasse,
Et vous ne savez point prendre votre parti.
Je n'approuverois pas ce début étourdi
Si vous aviez affaire à quelqu'un d'estimable
Dont la vue exigeât un maintien raisonnable;
Mais avec un vieux fou dont on peut se moquer,
J'avois imaginé qu'on pouvoit tout risquer,
Et que, pour vos projets, il falloit sans scrupule
Traiter légèrement un vieillard ridicule.

### VALÈRE.

Soit. Il a la fureur de me croire à son gré :
Mais fiez-vous à moi, je l'en détacherai.


## SCÈNE VIII
### CLÉON, VALÈRE, FRONTIN.

### FRONTIN.

Monsieur, j'entends du bruit, et je crains qu'on ne vienne.

### CLÉON.

Ne perdez point de temps; que Frontin vous ramène.

## SCÈNE IX

### CLÉON.

Maintenant éloignons Frontin, et qu'à Paris
Il porte le mémoire où je demande avis
Sur l'interdiction de cet ennuyeux frère.
Florise s'en défend ; son faible caractère
Ne sait point embrasser un parti courageux :
Embarquons-la si bien, qu'amenée où je veux,
Mon projet soit pour elle un parti nécessaire.
Je ne sais si je dois trop compter sur Valère...
Il pourroit bien manquer de résolution,
Et je veux appuyer son expédition :
C'est un fat subalterne ; il est né trop timide :
On ne va point au grand, si l'on n'est intrépide.

# ACTE III

## SCÈNE PREMIÈRE

### CHLOÉ, LISETTE.

CHLOÉ.

Oui, je te le répète, oui, c'est lui que j'ai vu ;
Mieux encor que mes yeux mon cœur l'a reconnu :
C'est Valère lui-même. Et pourquoi ce mystère ?
Venir sans demander mon oncle ni ma mère,
Sans marquer pour me voir le moindre empressement !
Ce procédé m'annonce un affreux changement.

LISETTE.

Eh ! non, ce n'est pas lui ; vous vous serez trompée.

CHLOÉ.

Non, crois-moi ; de ses traits je suis trop occupée

Pour pouvoir m'y tromper ; et nul autre sur moi
N'auroit jamais produit le trouble où je me voi.
Si tu le connoissois, si tu pouvois l'entendre,
Ah ! tu saurois trop bien qu'on ne peut s'y méprendre ;
Que rien ne lui ressemble, et que ce sont des traits
Qu'avec d'autres, Lisette, on ne confond jamais.
Le doux saisissement d'une joie imprévue,
Tous les plaisirs du cœur m'ont remplie à sa vue :
J'ai voulu l'appeler ; je l'aurois dû, je crois :
Mes transports m'ont ôté l'usage de la voix,
Il étoit déjà loin... Mais, dis-tu vrai, Lisette ?
Quoi ! Frontin !...

### LISETTE.

Il me tient l'aventure secrète ;
Son maître l'attendoit, et je n'ai pu savoir...

### CHLOÉ.

Informe-toi d'ailleurs ; d'autres l'auront pu voir ;
Demande à tout le monde... Eh ! va donc.

### LISETTE.

Patience !
Du zèle n'est pas tout, il faut de la prudence :
N'allons pas nous jeter dans d'autres embarras.
Raisonnons. C'est Valère ou bien ce ne l'est pas :
Si c'est lui, dans la règle, il faut qu'il vous prévienne ;
Et si ce ne l'est pas ma course seroit vaine :
On le sauroit. Cléon, dans ses jeux innocents,
Diroit que nous courons après tous les passants :
Ainsi, tout bien pensé, le plus sûr est d'attendre
Le retour de Frontin, dont je veux tout apprendre...

Seroit-ce bien Valère?... Eh! mais, en vérité,
Je commence à le croire... Il l'aura consulté :
De quelque bon conseil cette fuite est l'ouvrage.
Oui, brouiller des parents le jour d'un mariage,
Pour prélude chasser l'époux de la maison :
L'histoire est toute simple, et digne de Cléon.
Plus le trait seroit noir, plus il est vraisemblable.

### CHLOÉ.

Il faudroit que ce fût un homme abominable :
Tes soupçons vont trop loin; qu'ai-je fait contre lui
Et pourquoi voudroit-il m'affliger aujourd'hui?
Peut-il être des cœurs assez noirs pour se plaire
A faire ainsi du mal pour le plaisir d'en faire?
Mais toi-même, pourquoi soupçonner cette horreur?
Je te vois lui parler avec tant de douceur.

### LISETTE.

Vraiment, pour mon projet, il ne faut pas qu'il sache
Le fond d'aversion qu'avec soin je lui cache.
Souvent il m'interroge, et du ton le plus doux
Je flatte les desseins qu'il a, je crois, sur vous.
Il imagine avoir toute ma confiance,
Il me croit sans ombrage et sans expérience;
Il en sera la dupe : allez, ne craignez rien :
Géronte amène Ariste, et j'en augure bien.
Les desseins de Cléon ne nuiront point aux nôtres.
J'ai vu ces gens si fins plus attrapés que d'autres;
On l'emporte souvent sur la duplicité
En allant son chemin avec simplicité;
Et...

FRONTIN, derrière le théâtre.

Lisette !

LISETTE, à Chloé.

Rentrez ; c'est Frontin qui m'appelle.

## SCÈNE II

### FRONTIN, LISETTE.

FRONTIN, sans voir Lisette.

Parbleu, je vais lui dire une bonne nouvelle !
On est bien malheureux d'être né pour servir.
Travailler, ce n'est rien ; mais toujours obéir !

LISETTE.

Comment ! ce n'est que vous ? Moi, je cherchois Ariste.

FRONTIN.

Tiens, Lisette, finis, ne me rends pas plus triste :
J'ai déjà trop ici de sujet d'enrager,
Sans que ton air fâché vienne encor m'affliger.
Il m'envoie à Paris ; que dis-tu du message !

LISETTE.

Rien.

FRONTIN.

Comment, rien ! un mot, pour le moins.

## Le Méchant.

#### LISETTE.
                                  Bon voyage.
Partez ou demeurez, cela m'est fort égal.

#### FRONTIN.
Comment as-tu le cœur de me traiter si mal !
Je n'y puis plus tenir, ta gravité me tue ;
Il ne tiendra qu'à moi, si cela continue,
Oui... de mourir.

#### LISETTE
        Mourez.

#### FRONTIN.
                      Pour t'avoir résisté
Sur celui qui tantôt s est ici présenté...
Pour n'avoir pas voulu dire ce que j'ignore...

#### LISETTE.
Vous le savez très bien, je le répète encore :
Vous aimez les secrets ; moi, chacun a son goût,
Je ne veux point d'amant qui ne me dise tout.

#### FRONTIN.
Ah ! comment accorder mon honneur et Lisette !
Si je te le disois.

#### LISETTE.
                Oh ! la paix seroit faite,
Et pour nous marier tu n'aurois qu'à vouloir.

#### FRONTIN.

Eh bien ! l'homme qu'ici vous ne deviez pas voir
Étoit un inconnu... dont je ne sais pas l'âge...
Qui, pour nous consulter sur certain mariage
D'une fille... non, veuve... ou les deux... Au surplus,
Tout va bien... M'entends-tu ?

#### LISETTE.

    Moi ? non.

#### FRONTIN.

         Ni moi non plus.
Si bien que pour cacher et l'homme et l'aventure...

#### LISETTE.

As-tu dit ? A quoi bon te donner la torture ?
Va, mon pauvre Frontin, tu ne sais pas mentir ;
Et je t'en aime mieux ; moi, pour te secourir,
Et ménager l'honneur que tu mets à te taire,
Je dirai, si tu veux, qui c'étoit.

#### FRONTIN.

    Qui ?

#### LISETTE

       Valère.
Il ne faut pas rougir, ni tant me regarder.

#### FRONTIN.

Eh bien ! si tu le sais, pourquoi le demander ?

#### LISETTE.

Comme je n'aime pas les demi-confidences,
Il faudra m'éclaircir de tout ce que tu penses
De l'apparition de Valère en ces lieux,
Et m'apprendre pourquoi cet air mystérieux ;
Mais je n'ai pas le temps d'en dire davantage :
Voici mon dernier mot : je défends ton voyage.
Tu m'aimes, obéis. Si tu pars, dès demain
Toute promesse est nulle, et j'épouse Pasquin.

#### FRONTIN.

Mais...

#### LISETTE.

Point de mais... On vient. Va, fais croire à ton maître
Que tu pars ? nous saurons te faire disparaître.

## SCÈNE III

### ARISTE, GÉRONTE, CLÉON, LISETTE.

#### GÉRONTE.

Que fait donc ta maîtresse ? où chercher maintenant ?
Je cours.., j'appelle...

#### LISETTE.

Elle est dans son appartement.

#### GÉRONTE.

Cela peut être, mais elle ne répond guère.

### LISETTE.

Monsieur, elle a si mal passé la nuit dernière...

### GÉRONTE.

Oh ! parbleu tout ceci commence à m'ennuyer ;
Je suis las des humeurs qu'il me faut essuyer.
Comment ! on ne peut plus être un seul jour tranquille !
Je vois bien qu'elle boude, et je connois son style ;
Oh bien ! moi, les boudeurs sont mon aversion,
Et je n'en veux jamais souffrir dans ma maison.
A mon exemple ici je prétends qu'on en use ;
Je tâche d'amuser, et je veux qu'on m'amuse.
Sans cesse de l'aigreur, des scènes, des refus,
Et des maux éternels auxquels je ne crois plus ;
Cela m'excède enfin. Je veux que tout le monde
Se porte bien chez moi, que personne n'y gronde,
Et qu'avec moi chacun aime à se réjouir ;
Ceux qui s'y trouvent mal, ma foi, peuvent partir.

### ARISTE.

Florise a de l'esprit : avec cet avantage
On a de la ressource ; et je crois bien plus sage
Que vous la rameniez par raison, par douceur,
Que d'aller opposer la colère à l'humeur.
Ces nuages légers se dissipent d'eux-mêmes ;
D'ailleurs, je ne suis point pour les partis extrêmes.
Vous vous aimez tous deux.

### GÉRONTE.

                Et qu'en pense Cléon ?

#### CLÉON.

Que vous n'avez pas tort, et qu'Ariste a raison.

#### GÉRONTE.

Mais encor quel conseil...

#### CLÉON.

      Que voulez-vous qu'on dise?
Vous savez mieux que nous comment mener Florise.
S'il faut se déclarer pourtant de bonne foi,
Je voudrois, comme vous, être maître chez moi.
D'autre part, se brouiller... A propos de querelle,
Il faut que je vous parle ; en causant avec elle,
Je crois avoir surpris un projet dangereux,
Et que je vous dirai pour le bien de tous deux.
Car vous voir bien ensemble est ce que je désire.

#### GÉRONTE.

Allons, chemin faisant, vous pourrez me le dire.
Je vais la retrouver ; venez-y. Je verrai,
Quand vous m'aurez parlé, ce que je lui dirai.
Ariste, permettez qu'un moment je vous quitte.
Je vais avec Cléon voir ce qu'elle médite,
Et la déterminer à vous bien recevoir.
Car de façon ou d'autre... Enfin nous allons voir.

## SCÈNE IV

### ARISTE, LISETTE.

#### LISETTE.

Ah! que votre retour nous étoit nécessaire,
Monsieur! vous seul pouvez rétablir cette affaire :
Elle tourne au plus mal; et si votre crédit
Ne détrompe Géronte, et ne nous garantit,
Cléon va perdre tout.

#### ARISTE.

            Que veux-tu que je fasse?
Géronte n'entend rien : ce que je vois me passe.
J'ai beau citer des faits et lui parler raison,
Il ne croit rien, il est aveugle sur Cléon.
J'ai pourtant tout espoir dans une conjecture
Qui le détromperoit si la chose étoit sûre;
Il s'agit de soupçons, que je puis voir détruits.
Comme je crois le mal le plus tard que je puis,
Je n'ai rien dit encor; mais aux yeux de Géronte
Je démasque le traître et le couvre de honte,
Si je puis avérer le tour le plus sanglant
Dont je l'ai soupçonné, grâces à son talent.

#### LISETTE.

Le soupçonner? comment! c'est là que vous en êtes?
Ma foi, c'est trop d'honneur, monsieur, que vous lui faites.
Croyez d'avance, et tout...

ARISTE.

Il s'en est peu fallu
Que pour ce mariage on ne m'ait pas revu.
Sans toutes mes raisons, qui l'ont bien ramenée,
La mère de Valère étoit déterminée
A les remercier.

LISETTE.

Pourquoi?

ARISTE.

C'est une horreur
Dont je veux dévoiler et confondre l'auteur;
Et tu m'y serviras.

LISETTE.

A propos de Valère,
Où croyez-vous qu'il soit?

ARISTE.

Peut-être chez sa mère,
Au moment où j'en parle; à tout heure on l'attend.

LISETTE.

Bon! il est ici.

ARISTE.

Lui?

LISETTE.

Lui; le fait est constant.

ARISTE.

Mais quelle étourderie!

LISETTE.

    Oh ! toutes ses mesures
Sembloient, pour le cacher, bien prises et bien sûres :
Il n'a vu que Cléon ; et, l'oracle entendu,
Dans le bois près d'ici Valère s'est perdu,
Et je l'y crois encor : comptez que c'est lui-même ;
Je le sais de Frontin.

ARISTE.

    Quel embarras extrême !
Que faire ? L'aller voir, on sauroit tout ici :
Lui mander mes conseils est le meilleur parti.
Donne-moi ce qu'il faut ; hâte-toi, que j'écrive.

LISETTE.

J'y vais... J'entends, je crois, quelqu'un qui nous arrive.

## SCÈNE V

ARISTE.

Ce voyage insensé, d'accord avec Cléon,
Sur la lettre anonyme augmente mon soupçon :
La noirceur masque en vain les poisons qu'elle verse,
Tout se sait tôt ou tard, et la vérité perce :
Par eux-mêmes souvent les méchants sont trahis.

## SCÈNE VI

### VALÈRE ARISTE.

VALÈRE.

Ah! les affreux chemins, et le maudit pays!
A Ariste.
Mais, de grâce, monsieur, voulez-vous bien m'apprendre
Où je puis voir Géronte?

ARISTE.

Il seroit mieux d'attendre :
En ce moment, monsieur, il est fort occupé.

VALÈRE.

Et Florise? On viendroit, ou je suis bien trompé;
L'étiquette du lieu lieu seroit un peu légère;
Et quand un gendre arrive, on n'a point d'autre affaire.

ARISTE.

Quoi! vous êtes...

VALÈRE.

Valère.

ARISTE.

Eh quoi! surprendre ainsi!
Votre mère vouloit vous présenter ici,
A ce qu'on m'a dit.

VALÈRE.

Bon ! vieille cérémonie.
D'ailleurs, je sais très bien que l'affaire est finie.
Ariste a décidé... Cet Ariste, dit-on,
Est aujourd'hui chez moi maître de la maison ;
On suit également tous les conseils qu'il donne.
Ma mère est, par malheur, fort crédule, trop bonne.

ARISTE.

Sur l'amitié d'Ariste, et sur sa bonne foi...

VALÈRE.

Oh ! cela...

ARISTE.

Doucement ; cet Ariste, c'est moi.

VALÈRE.

Ah ! monsieur...

ARISTE.

Ce n'est point sur ce qui me regarde
Que je me plains des traits que votre erreur hasarde ;
Ne me connoissant point, ne pouvant me juger,
Vous ne m'offensez pas ; mais je dois m'affliger
Du ton dont vous parlez d'une mère estimable,
Qui vous croit de l'esprit, un caractère aimable ;
Qui veut votre bonheur : voilà ses seuls défauts.
Si votre cœur au fond ressemble à vos propos...

VALÈRE.

Vous me faites ici les honneurs de ma mère,

Je ne sais pas pourquoi. Son amitié m'est chère.
Le hasard vous a fait prendre mal mes discours;
Mais mon cœur la respecte et l'aimera toujours.

### ARISTE.

Valère, vous voilà, ce langage est le vôtre :
Oui, le bien vous est propre, et le mal est d'un autre.

### VALÈRE.

A part.

Oh! voici les sermons, l'ennui!...

Haut.

Mais, s'il vous plaît,
Ne ferions-nous pas bien d'aller voir où l'on est?
Il convient...

### ARISTE.

Un moment. Si l'amitié sincère
M'autorise à parler au nom de votre mère,
De grâce, expliquez-moi ce voyage secret
Qu'aujourd'hui même ici vous avez déjà fait.

### VALÈRE.

Vous savez?...

### ARISTE.

Je le sais.

### VALÈRE.

Ce n'est point un mystère
Bien merveilleux : j'avois à parler d'une affaire
Qui regarde Cléon, et m'intéresse fort;
J'ai voulu librement l'entretenir d'abord,

Sans être interrompu par la mère et la fille,
Et nous voir assiégés de toute une famille.
Comme il est mon ami...

ARISTE.

Lui?

VALÈRE.

Mais assurément.

ARISTE.

Vous osez l'avouer?

VALÈRE.

Ah! très parfaitement.
C'est un homme d'esprit, de bonne compagnie,
Et je suis son ami de cœur et pour la vie.
Ah! ne l'est pas qui veut.

ARISTE.

Et si l'on vous montroit
Que vous le haïrez?

VALÈRE.

On seroit bien adroit.

ARISTE.

Si l'on vous faisoit voir que ce bon air, ces grâces,
Ce clinquant de l'esprit, ces trompeuses surfaces,
Cachent un homme affreux, qui veut vous égarer,
Et que l'on ne peut voir sans se déshonorer?

VALÈRE.

C'est juger par des bruits de pédants, de commères.

ARISTE.

Non, par la voix publique ; elle ne trompe guères.
Géronte peut venir, et je n'ai pas le temps
De vous instruire ici de tous mes sentiments :
Mais il faut sur Cléon que je vous entretienne ;
Après quoi choisissez son commerce ou sa haine.
Je sens que je vous lasse, et je m'aperçois bien,
A vos distractions, que vous ne croyez rien :
Mais, malgré vos mépris, votre bien seul m'occupe ;
Il seroit odieux que vous fussiez sa dupe.
L'unique grâce encor qu'attend mon amitié,
C'est que vous n'alliez point paroître si lié
Avec lui : vous verrez avec trop d'évidence
Que je n'exigeois pas une vaine prudence.
Quant au ton dont il faut ici vous présenter,
Rien, je crois, là-dessus ne doit m'inquiéter ;
Vous avez de l'esprit, un heureux caractère,
De l'usage du monde, et je crois que pour plaire
Vous tiendrez plus de vous que des leçons d'autrui.
Géronte vient ; allons...

## SCÈNE VII

### GÉRONTE, ARISTE, VALÈRE.

GÉRONTE, d'un air fort empressé.

Eh! vraiment oui, c'est lui.
Bonjour, mon cher enfant... Viens donc que je t'embrasse.
A Ariste.
Comme le voilà grand!... Ma foi, cela nous chasse.

VALÈRE.

Monsieur, en vérité...

GÉRONTE.

Parbleu! je l'ai vu là,
Je m'en souviens toujours, pas plus haut que cela;
C'étoit hier, je crois... Comme passe notre âge!
Mais te voilà, vraiment, un grave personnage.
A Ariste.
Vous voyez qu'avec lui j'en use sans façon;
C'est tout comme autrefois, je n'ai pas d'autre ton.

VALÈRE.

Monsieur, c'est trop d'honneur...

GÉRONTE.

Oh! non pas, je te prie;

N'apporte point ici l'air de cérémonie,
Regarde-toi déjà comme de la maison.

### A Ariste.

A propos, nous comptons qu'elle entendra raison.
Oh! j'ai fait un beau bruit : c'est bien moi qu'on étonne :
La menace est plaisante! ah! je ne crains personne
Je ne la croyois pas capable de cela.
Mais je commence à voir que tout s'apaisera,
Et que ma fermeté remettra sa cervelle.
Vous pouvez maintenant vous présenter chez elle
Dites bien que je veux terminer aujourd'hui ;
Je vais renouveler connoissance avec lui.
Allez, si l'on ne peut la résoudre à descendre,
J'irai dans un moment lui présenter son gendre.

## SCENE VIII

### GÉRONTE, VALÈRE.

#### GÉRONTE.

Eh bien? es-tu toujours vif, joyeux, amusant?
Tu nous réjouissois.

#### VALÈRE.

Oh! j'étois fort plaisant.

#### GÉRONTE.

Tu peux de cet air grave avec moi te défaire;
Je t'aime comme un fils, et tu dois...

VALÈRE, à part.
Comment faire ?
Son amitié me touche.

GÉRONTE, à part.
Il paroît bien distrait.
Eh bien ?...
VALÈRE.
Assurément, monsieur... j'ai tout sujet
De chérir les bontés.

GÉRONTE.
Non ; ce ton-là m'ennuie :
Je te l'ai déjà dit, point de cérémonie.


## SCÈNE IX

### CLÉON, GÉRONTE, VALÈRE.

CLÉON.
Ne suis-je pas de trop ?

GÉRONTE.
Non, non, mon cher Cléon ;
Venez, et partagez ma satisfaction.

CLÉON.
Je ne pouvois trop tôt renouer connoissance
Avec monsieur.

VALÈRE.

J'avois la même impatience.

CLÉON, bas, à Valère.

Comment va ?

VALÈRE, bas, à Cléon.

Patience.

GÉRONTE, bas, à Cléon.

Il est complimenteur ;
C'est un défaut.

CLÉON.

Sans doute ; il ne faut que le cœur.

GÉRONTE.

J'avois grande raison de prédire à ta mère
Que tu serois bien fait, noblement, sûr de plaire :
Je m'y connois, je sais beaucoup de bien de toi.
Des lettres de Paris et des gens que je croi...

VALÈRE.

On reçoit donc ici quelquefois des nouvelles ?
Les dernières, monsieur, les sait-on ?

GÉRONTE.

Que sont-elles ?
Nous est-il arrivé quelque chose d'heureux ?
Car, quoique loin de tout, enterré dans ces lieux,
Je suis toujours sensible au bien de ma patrie :
Eh bien ! voyons donc, qu'est-ce ? apprends-moi, je te prie.

VALÈRE, d'un ton précipité.

Julie a pris Damon, non qu'elle l'aime fort;
Mais il avoit Phryné, qu'elle hait à la mort.
Lisidor à la fin a quitté Doralise :
Elle est bien, mais, ma foi! d'une horrible bêtise;
Déjà depuis longtemps cela devoit finir,
Et le pauvre garçon n'y pouvoit plus tenir.

CLÉON, bas, à Valère.

Très bien : continuez.

VALÈRE.

     J'oubliois de vous dire
Qu'on a fait des couplets sur Lucie et Delphire :
Lucie en est outrée et ne se montre plus;
Mais Delphire a mieux pris son parti là-dessus;
On la trouve partout s'affichant de plus belle,
Et se moquant du ton, pourvu qu'on parle d'elle.
Lise a quitté le rouge, et l'on se dit tout bas
Qu'elle feroit bien mieux de quitter Lycidas;
On prétend qu'il n'est pas compris dans la réforme,
Et qu'elle est seulement bégueule pour la forme.

GÉRONTE.

Quels diables de propos me tenez-vous donc là?

VALÈRE.

Quoi! Vous ne saviez pas un mot de tout cela?
On n'en dit rien ici? l'ignorance profonde!
Mais c'est, en vérité, n'être pas de ce monde;

Vous n'avez donc, monsieur, aucune liaison ?
Eh mais ! où vivez-vous ?

### GÉRONTE.

     Parbleu ! dans ma maison,
M'embarrassant fort peu des intrigues frivoles
D'un tas de freluquets, d'une troupe de folles ;
Aux gens que je connois paisiblement borné.
Eh ! que m'importe à moi si madame Phryné
Ou madame Lucile affichent leurs folies ?
Je ne m'occupe point de telles minuties,
Et laisse aux gens oisifs tous ces menus propos,
Ces puérilités, la pâture des sots.

### CLÉON.
*A Géronte.*

Vous avez bien raison...

*Bas, à Valère.*

    Courage.

### GÉRONTE.

     Cher Valère,
Nous avons, je le vois, la tête un peu légère,
Et je sens que Paris ne t'a pas mal gâté :
Mais nous te guérirons de ta frivolité.
Ma nièce est raisonnable, et ton amour pour elle
Va rendre à ton esprit sa forme naturelle.

### VALÈRE.

C'est moi, sans me flatter, qui vous corrigerai
De n'être au fait de rien, et je vous conterai...

GÉRONTE.

Je t'en dispense.

VALÈRE.

On peut vous rendre un homme aimable,
Mettre votre maison sur un ton convenable,
Vous donner l'air du monde au lieu des vieilles mœurs.
On ne vit qu'à Paris, et l'on végète ailleurs.

CLÉON.

Bas, à Valère.

Ferme !...

Bas, à Géronte.

Il est singulier.

GÉRONTE.

Mais c'est de la folie.
Il faut qu'il ait...

VALÈRE.

La nièce est-elle encor jolie ?

GÉRONTE.

Comment encor ! je crois qu'il a perdu l'esprit ;
Elle est dans son printemps, chaque jour l'embellit.

VALÈRE.

Elle étoit assez bien.

CLÉON, bas, à Géronte.

L'éloge est assez mince.

## VALÈRE.

Elle avoit de beaux yeux pour des yeux de province.

## GÉRONTE.

Sais-tu que je commence à m'impatienter,
Et qu'avec nous ici c'est très mal débuter?
Au lieu de témoigner l'ardeur de voir ma nièce,
Et d'en parler du ton qu'inspire la tendresse...

## VALÈRE.

Vous voulez des fadeurs, de l'adoration?
Je ne me pique pas de belle passion.
Je l'aime... sensément.

## GÉRONTE.

Comment donc?

## VALÈRE.

Comme on aime...
Sans que la tête tourne... Elle en fera de même.
Je réserve au contrat toute ma liberté;
Nous vivrons bons amis, chacun de son côté.

## CLÉON, bas, à Valère.

A merveille! appuyez.

## GÉRONTE.

Ce petit train de vie
Est tout à fait touchant, et donne grande envie...

## VALÈRE.

Je veux d'abord...

GÉRONTE.

D'abord il faut changer de ton.

CLÉON, bas, à Valère.

Dites, pour l'achever, du mal de la maison.

GÉRONTE.

Or écoute...

VALÈRE.

Attendez, il me vient une idée.

*Il se promène au fond du théâtre, regardant de côté et d'autre, sans écouter Géronte.*

GÉRONTE, à Cléon.

Quelle tête ! Oh ! ma foi ! la noce est retardée.
Je ferois à ma nièce un fort joli présent !
Je lui veux un mari sensible, complaisant ;
Et s'il veut l'obtenir (car je sens que je l'aime)
Il faut sur mes avis qu'il change son système.
Mais qu'examine-t-il ?

VALÈRE.

Pas mal... cette façon...

GÉRONTE.

Tu trouves bien, je crois, le goût de la maison ?
Elle est belle, en bon air ; enfin c'est mon ouvrage ;
Il faut bien embellir son petit ermitage :
J'ai de quoi te montrer pendant huit jours ici.
Mais quoi ?

VALÈRE.

Je suis à vous... En abattant ceci...

CLÉON, à Géronte.

Que parle-t-il d'abattre ?

VALÈRE.

Oh ! rien.

GÉRONTE.

Mais je l'espère.
Sachons ce qui l'occupe : est-ce donc un mystère ?

VALÈRE.

Non, c'est que je prenois quelques dimensions
Pour des ajustements, des augmentations.

GÉRONTE.

En voici bien d'une autre ! eh ! dis-moi, je te prie,
Te prennent-ils souvent, tes accès de folie ?

VALÈRE.

Parlons raison, mon oncle ; oubliez un moment
Que vous avez tout fait, et point d'aveuglement :
Avouez, la maison est maussade, odieuse ;
Je trouve tout ici d'une vieillesse affreuse :
Vous voyez...

GÉRONTE.

Que tu n'as qu'un babil importun ;
De l'esprit, si l'on veut, mais pas le sens commun.

#### VALÈRE.

Oui... vous avez raison ; il seroit inutile
D'ajuster, d'embellir...

#### GÉRONTE, à Cléon.

Il devient plus docile ;
Il change de langage.

#### VALÈRE.

Écoutez, faisons mieux :
En me donnant Chloé, l'objet de tous mes vœux,
Vous lui donnez vos biens, la maison ?

#### GÉRONTE

C'est-à-dire
Après ma mort.

#### VALÈRE.

Vraiment, c'est tout ce qu'on désire,
Mon cher oncle ; or voici mon projet sur cela :
Un bien qu'on doit avoir est comme un bien qu'on a.
La maison est à nous, on ne peut rien en faire ;
Un jour je l'abattrois : donc il est nécessaire,
Pour jouir tout à l'heure et pour en voir la fin,
Qu'aujourd'hui marié, je bâtisse demain.
J'aurai soin...

#### GÉRONTE.

De partir : ce n'étoit pas la peine
De venir m'ennuyer.

#### CLÉON, bas, à Géronte.

Sa folie est certaine.

#### GÉRONTE.

Et quant à vos beaux plans et vos dimensions,
Faites bâtir pour vous aux Petites-Maisons.

#### VALÈRE.

Parce que pour nos biens je prends quelques mesures,
Mon cher oncle se fâche et me dit des injures !

#### GERONTE.

Oui, va, je t'en réponds, mon cher oncle ! oh ! parbleu,
La peste emporteroit jusqu'au dernier neveu,
Je ne te prendrois pas pour rétablir l'espèce.

#### VALÈRE, à Cléon.

Par malheur j'ai du goût ; l'air maussade me blesse ;
Et monsieur ne veut rien changer dans sa façon !
Sous prétexte qu'il est maître de la maison,
Il prétend...

#### GÉRONTE.

    Je prétends n'avoir point d'autre maître.

#### CLÉON.

Sans doute.

#### VALÈRE.

    Mais, monsieur, je ne prétends pas l'être.

A Cléon.

Faites ici ma paix ; je ferai ce qu'il faut...
Arrangez tout, je vais faire ma cour là-haut.

## SCÈNE X

### GÉRONTE, CLÉON.

#### GÉRONTE.

A-t-on vu quelque part un fonds d'impertinences
De cette force-là ?

#### CLÉON.

Si, sur les apparences...

#### GÉRONTE.

Où diable preniez-vous qu'il avoit de l'esprit ?
C'est un original qui ne sait ce qu'il dit,
Un de ces merveilleux gâtés par des *caillettes*,
Ni goût, ni jugement, un tissu de sornettes,
Et monsieur celui-ci, madame celle-là,
Des riens, des airs, du vent, en trois mots le voilà.
Ma foi, sauf votre avis...

#### CLÉON.

Je m'en rapporte au vôtre ;
Vous vous y connoissez tout aussi bien qu'un autre :
Prenez qu'on m'a surpris et que je n'ai rien dit ;
Après tout, je n'ai fait que rendre le récit
De gens qu'il voit beaucoup ; moi, qui ne le vois guère
Qu'en passant, j'ignorois le fond du caractère.

GÉRONTE.

Oh ! sur parole ainsi ne louons pas les gens :
Avant que de louer j'examine longtemps ;
Avant que de blâmer, même cérémonie :
Aussi connois-je bien mon monde ; et je défie,
Quand j'ai toisé mes gens, qu'on m'en impose en rien.
Autrefois j'ai tant vu, soit en mal, soit en bien,
De réputations contraires aux personnes,
Que je n'en admets plus ni mauvaises ni bonnes ;
Il faut y voir soi-même ; et, par exemple, vous,
Si je les en croyois, ne disent-ils pas tous
Que vous êtes méchant ? ce langage m'assomme :
Je vous ai bien suivi, je vous trouve bon homme.

CLÉON.

Vous avez dit le mot ; et la méchanceté
N'est qu'un nom odieux par les sots inventé ;
C'est là, pour se venger, leur formule ordinaire :
Dès qu'on est au-dessus de leur petite sphère,
Que, de peur d'être absurde, on fronde leur avis,
Et qu'on ne rampe pas comme eux ; fâchés, aigris,
Furieux contre vous, ne sachant que répondre,
Croyant qu'on les remarque, et qu'on veut les confondre :
Un tel est très méchant, vous disent-ils tout bas ;
Et pourquoi ? c'est qu'un tel a l'esprit qu'ils n'ont pas.

*Un laquais arrive.*

GÉRONTE.

Eh bien ! qu'est-ce ?

LE LAQUAIS.

Monsieur, ce sont vos lettres.

GÉRONTE.

Donne.
Cela suffit.

Le laquais sort.

Voyons... Ah ! celle-ci m'étonne...
Quelle est cette écriture ?... Oui-dà ! j'allois vraiment
Faire une belle affaire ! Oh ! je crois aisément
Tout ce qu'on dit de lui, la matière est féconde :
Je vois qu'il est encor des amis dans le monde.

CLÉON.

Que vous mande-t-on ? Qui ?

GÉRONTE.

Je ne sais pas qui c'est ;
Quelqu'un sans se nommer, sans aucun intérêt...
Mais je ne sais s'il faut vous montrer cette lettre :
On parle mal de vous.

CLÉON.

De moi ! daignez permettre...

GÉRONTE.

C'est peu de chose ; mais...

CLÉON.

Voyons : je ne veux pas

Que sur mes procédés vous ayez d'embarras,
Qu'il soit aucun soupçon, ni le moindre nuage.

### CLÉON.

Ne craignez rien ; sur vous je ne prends nul ombrage :
Vous pensez comme moi sur ce plat freluquet :
Tenez, vous allez voir l'éloge qu'on en fait.

### CLÉON lit.

« J'apprends, monsieur, que vous donnez votre nièce à Valère : vous ignorez apparemment que c'est un libertin, dont les affaires sont très dérangées, et le courage fort suspect. Un ami de sa mère, dont on ne m'a pas dit le nom, s'est fait le médiateur de ce mariage, et vous sacrifie. Il m'est revenu aussi que Cléon est fort lié avec Valère ; prenez garde que ses conseils ne vous embarquent dans une affaire qui ne peut que vous faire tort de toute façon. »

### GÉRONTE.

Eh bien ! qu'en dites-vous ?

### CLÉON.

Je dis, et je le pense,
Que c'est quelque noirceur sous l'air de confidence.
Pourquoi cacher son nom ?

*Il déchire la lettre.*

### GÉRONTE.

Comment ? vous déchirez...

### CLÉON.

Oui... Qu'en voulez-vous faire ?

### GÉRONTE.]

Et vous conjecturez
Que c'est quelque ennemi ; qu'on en veut à Valère ?

### CLÉON.

Mais je n'assure rien : dans toute cette affaire
Me voilà suspect, moi, puisqu'on me dit lié...

### GÉRONTE.

Je ne crois pas un mot d'une telle amitié.

### CLÉON.

Le mieux sera d'agir selon votre système ;
N'en croyez point autrui, jugez tout par vous-même.
Je veux croire qu'Ariste est honnête homme, mais...
Votre écrivain peut-être... Enfin sachez les faits,
Sans humeur, sans parler de l'avis qu'on vous donne
Soit calomnie ou non, la lettre est toujours bonne.
Quant à vos sûretés, rien encor n'est signé :
Voyez, examinez...

### GÉRONTE.

Tout est examiné :
Je renverrai mon fat, et mon affaire est faite.
Il vient... proposez-lui de hâter sa retraite ;
Deux mots : je vous attends.

## SCÈNE XI

### CLÉON, VALÈRE, d'un air rêveur.

CLÉON, fort vite, et à demi-voix.

                      Vous êtes trop heureux ;
Géronte vous déteste : il s'en va furieux ;
Il m'attend, je ne puis vous parler davantage ;
Mais ne craignez plus rien sur votre mariage.

## SCÈNE XII

### VALÈRE.

Je ne sais où j'en suis, ni ce que je résous.
Ah ! qu'un premier amour a d'empire sur nous !
J'allois braver Chloé par mon étourderie :
La braver ! j'aurois fait le malheur de ma vie ;
Ses regards ont changé mon âme en un moment ;
Je n'ai pu lui parler qu'avec saisissement.
Que j'étois pénétré ! que je la trouve belle !
Que cet air de douceur, et noble et naturelle,
A bien renouvelé cet instinct enchanteur,
Ce sentiment si pur, le premier de mon cœur !
Ma conduite à mes yeux me pénètre de honte.
Pourrai-je réparer mes torts près de Géronte ?

Il m'aimoit autrefois ; j'espère mon pardon.
Mais comment avouer mon amour à Cléon ?
Moi, sérieusement amoureux !... Il n'importe :
Qu'il m'en plaisante ou non, ma tendresse l'emporte.
Je ne vois que Chloé... Si j'avois pu prévoir...
Allons tout réparer : je suis au désespoir.

# ACTE IV

## SCÈNE PREMIÈRE

### CHLOÉ, LISETTE.

LISETTE.

Eh quoi! mademoiselle, encor cette tristesse!
Comptez sur moi, vous dis-je; allons, point de foiblesse.

CHLOÉ.

Que les hommes sont faux! et qu'ils savent, hélas!
Trop bien persuader ce qu'ils ne sentent pas!
Je n'aurois jamais cru l'apprendre par Valère :
Il revient, il me voit, il sembloit vouloir plaire;
Son trouble lui prêtoit de nouveaux agréments,
Ses yeux sembloient répondre à tous mes sentiments;
Le croiras-tu, Lisette, et qu'y puis-je comprendre?
Cet amant adoré que je croyois si tendre,

Oui, Valère, oubliant ma tendresse et sa foi,
Valère me méprise !... il parle mal de moi.

### LISETTE.

Il en parle très bien ; je le sais, je vous jure.

### CHLOÉ.

Je le tiens de mon oncle, et ma peine est trop sûre :
Tout est rompu ; je suis dans un chagrin mortel.

### LISETTE.

Ouais ! tout ceci me passe, et n'est pas naturel ;
Valère vous adore, et fait cette équipée !
Je vois là du Cléon, ou je suis bien trompée.
Mais il faut par vous-même entendre votre amant ;
Je vous ménagerai cet éclaircissement
Sans que dans mon projet Florise nous dérange :
Ma foi, je lui prépare un tour assez étrange,
Qui l'occupera trop pour avoir l'œil sur vous.
Le moment est heureux ; tous les noms les plus doux
Ne reviennent-ils pas ? c'est *ma chère Lisette,
Mon enfant...* On m'écoute, on me trouve parfaite ;
Tantôt on ne pouvoit me souffrir : à présent,
Vu que pour terminer, Géronte est moins pressant,
Elle est d'une gaîté, d'une folie extrême :
Moi, je vais profiter de l'instant où l'on m'aime,
Dès qu'à tous ses propos Cléon aura mis fin :
Il *est délicieux, incroyable, divin ;*
Cent autres petits mots qu'elle redit sans cesse.
Ces noms dureront peu, comptez sur ma promesse.

Géronte le demande ; on le dit en fureur :
Mais je compte guérir le frère par la sœur.

CHLOÉ.

Eh ! que fait Valère ?

LISETTE.

     Ah ! j'oubliois de vous dire
Qu'il est à sa toilette, et cela doit détruire
Vos soupçons mal fondés ; car vous concevez bien
Que, s'il va se parer, ce soin n'est pas pour rien.
Ariste est avec lui, j'en tire bon augure.
Pour Valère et Cléon, quoique je sois bien sûre
Qu'ils se connoissent fort, ils s'évitent tous deux :
Seroit-ce intelligence ou brouillerie entre eux ?
Je le démêlerai, quoiqu'il soit difficile...
Votre mère descend ; allez, soyez tranquille.

SCÈNE II

LISETTE.

Moi, tout ceci me donne une peine, un tourment !...
N'importe, si mes soins tournent heureusement.
Mais que prétend Ariste ? et pour quelle aventure
Veut-il que je lui fasse avoir de l'écriture
De Frontin ? Comment faire ? Et puis d'ailleurs Frontin
Au plus signe son nom, et n'est pas écrivain.

## SCÈNE III

### FLORISE, LISETTE.

FLORISE.

Eh bien, Lisette?

LISETTE.

Eh bien, madame?

FLORISE.

      Es-tu contente?

LISETTE.

Mais, madame, pas trop : ce couvent m'épouvante.

FLORISE.

Pour y suivre Chloé je destine Marton;
Tu resteras ici, je parlois de Cléon.
Dis-moi, n'en es-tu pas extrêmement contente?
Ai-je tort de défendre un esprit qui m'enchante?
J'ai bien vu tout à l'heure (et ton goût me plaisoit)
Que tu t'amusois fort de tout ce qu'il disoit :
Conviens qu'il est charmant et laisse, je te prie,
Tous les petits discours que fait tenir l'envie.

LISETTE.

Moi, madame! eh, mon Dieu! je n'aimerois rien tant
Que d'en croire du bien : vous pensez sensément;
Et, si vous persistez à le juger de même,
Si vous l'aimez toujours, il faut bien que je l'aime.

FLORISE.

Ah ! tu l'aimeras donc ; je te jure aujourd'hui
Que de tout l'univers je n'estime que lui :
Cléon a tous les tons, tous les esprits ensemble ;
Il est toujours nouveau : tout le reste me semble
D'une misère affreuse, ennuyeux à mourir ;
Et je rougis des gens qu'on me voyoit souffrir.

LISETTE.

Vous avez bien raison : quand on a l'avantage
D'avoir mieux rencontré, le parti le plus sage
Est de s'y tenir ; mais...

FLORISE.

Quoi ?

LISETTE.

Rien.

FLORISE.

Je veux savoir...

LISETTE.

Non.

FLORISE.

Je l'exige.

LISETTE.

Eh bien !... J'ai cru m'apercevoir
Qu'il n'avoit pas pour vous tout le goût qu'il vous marque ;
Il me parle souvent, et souvent je remarque

Qu'il a, quand je vous loue, un air embarrassé :
Et sur certains discours si je l'avois poussé...

### FLORISE.

Chimère ! il faut pourtant éclaircir ce nuage ;
Il est vrai que Chloé me donne quelque ombrage,
Et que c'est à dessein de l'éloigner de lui
Qu'à la mettre au couvent je m'apprête aujourd'hui :
Toi, fais causer Cléon, et que je puisse apprendre...

### LISETTE.

Je voudrois qu'en secret vous vinssiez nous entendre,
Vous ne m'en croiriez pas.

### FLORISE.

    Quelle folie !

### LISETTE.

         Oh ! non.
Il faut s'aider de tout dans un juste soupçon ;
Si ce n'est pas pour vous que ce soit pour moi-même ;
J'ai l'esprit défiant : vous voulez que je l'aime,
Et je ne puis l'aimer, comme je le prétends,
Que quand nous aurons fait l'épreuve où je l'attends.

### FLORISE.

Mais comment ferions-nous ?

### LISETTE.

      Ah ! rien n'est plus facile :
C'est avec moi tantôt que vous verrez son style ;

Faux ou vrai, bien ou mal, il s'expliquera là.
Vous avez vu souvent qu'au moment où l'on va
Se promener ensemble au bois, à la prairie,
Cléon ne part jamais avec la compagnie;
Il reste à me parler, à me questionner :
Et de ce cabinet vous pourriez vous donner
Le plaisir de l'entendre appuyer ou détruire...

### FLORISE.

Tout ce que tu voudras; je ne veux que m'instruire,
Si Cléon pour ma fille a le goût que je croi :
Mais je ne puis penser qu'il parle mal de moi.

### LISETTE.

Eh bien! c'est de ma part une galanterie;
L'éloge des absents se fait sans flatterie.
Il faudra que sur vous, dans tout cet entretien,
Je dise un peu de mal, dont je ne pense rien,
Pour lui faire beau jeu.

### FLORISE.

    Je te le passe encore.

### LISETTE.

S'il trompe mon attente, oh! ma foi, je l'adore.

### FLORISE, voyant venir Ariste et Valère.

Encor monsieur Ariste avec son protégé!
Je voudrois bien tous deux qu'ils prissent leur congé;
Mais ils ne sentent rien; laissons-les.

## SCÈNE IV

ARISTE; VALÈRE, paré.

VALÈRE.

On m'évite;
O ciel! je suis perdu.

ARISTE.

Réglez votre conduite
Sur ce que je vous dis, et fiez-vous à moi
Du soin de mettre fin au trouble où je vous voi :
Soyez-en sûr, j'ai fait demander à Géronte
Un moment d'entretien ; et c'est sur quoi je compte.
Je vais de l'amitié joindre l'autorité
Au ton de la franchise et de la vérité,
Et nous éclaircirons ce qui nous embarrasse.

VALÈRE.

Mais il a, par malheur, fort peu d'esprit.

ARISTE.

De grâce,
Le connoissez-vous ?

VALÈRE.

Non; mais je vois ce qu'il est :
D'ailleurs, ne juge-t-on que ceux que l'on connoît ?

La conversation deviendroit fort stérile ;
J'en sais assez pour voir que c'est un imbécile.

### ARISTE.

Vous retombez encore, après m'avoir promis
D'éloigner de votre air et de tous vos avis
Cette méchanceté qui vous est étrangère ;
Eh ! pourquoi s'opposer à son bon caractère ?
Tenez, devant vos gens je n'ai pu librement
Vous parler de Cléon : il faut absolument
Rompre...

### VALÈRE.

Que je me donne un pareil ridicule ?
Rompre avec un ami !

### ARISTE.

Que vous êtes crédule !
On entre dans le monde, on en est enivré,
Au plus frivole accueil on se croit adoré ;
On prend pour des amis de simples connoissances :
Et que de repentirs suivent ces imprudences !
Il faut, pour votre honneur, que vous y renonciez.
On vous juge d'abord par ceux que vous voyez :
Ce préjugé s'étend sur votre vie entière ;
Et c'est des premiers pas que dépend la carrière.
Débuter par ne voir qu'un homme diffamé !

### VALÈRE.

Je vous réponds, monsieur, qu'il est très estimé :
Il a les ennemis que nous fait le mérite ;

D'ailleurs, on le consulte, on l'écoute, on le cite :
Aux spectacles surtout il faut voir le crédit
De ses décisions, le poids de ce qu'il dit ;
Il faut l'entendre après une pièce nouvelle ;
Il règne ; on l'environne ; il prononce sur elle ;
Et son autorité, malgré les protecteurs,
Pulvérise l'ouvrage et les admirateurs.

### ARISTE.

Mais vous le condamnez en croyant le défendre :
Est-ce bien là l'emploi qu'un bon esprit doit prendre ?
L'orateur des foyers et des mauvais propos !
Quels titres sont les siens ? l'insolence et des mots,
Des applaudissements, le respect idolâtre
D'un essaim d'étourdis, chenilles du théâtre,
Et qui, venant toujours grossir le tribunal
Du bavard imposant qui dit le plus de mal,
Vont semer d'après lui l'ignoble parodie
Sur les fruits des talents et les dons du génie :
Cette audace, d'ailleurs, cette présomption
Qui prétend tout ranger à sa décision,
Est d'un fat ignorant la marque la plus sûre :
L'homme éclairé suspend l'éloge et la censure ;
Il sait que sur les arts, les esprits et les goûts,
Le jugement d'un seul n'est pas la loi de tous ;
Qu'attendre est pour juger la règle la meilleure,
Et que l'arrêt public est le seul qui demeure.

### VALÈRE.

Il est vrai ; mais enfin Cléon est respecté,
Et je vois les rieurs toujours de son côté.

### ARISTE.

De si honteux succès ont-ils de quoi vous plaire?
Du rôle de plaisant connoissez la misère :
J'ai rencontré souvent de ces gens à bons mots,
De ces hommes charmants qui n'étoient que des sots ;
Malgré tous les efforts de leur petite envie,
Une froide épigramme, une bouffonnerie,
A ce qui vaut mieux qu'eux n'ôtera jamais rien,
Et, malgré les plaisants, le bien est toujours bien.
J'ai vu d'autres méchants d'un grave caractère,
Gens laconiques, froids, à qui rien ne peut plaire ;
Examinez-les bien, un ton sentencieux
Cache leur nullité sous un air dédaigneux :
Cléon souvent aussi prend cet air d'importance,
Il veut être méchant jusque dans son silence ;
Mais qu'il se taise ou non, tous les esprits bien faits
Sauront le mépriser jusque dans ses succès.

### VALÈRE.

Lui refuseriez-vous l'esprit? j'ai peine à croire...

### ARISTE.

Mais à l'esprit méchant je ne vois point de gloire :
Si vous saviez combien cet esprit est aisé,
Combien il en faut peu, comme il est méprisé !
Le plus stupide obtient la même réussite :
Eh ! pourquoi tant de gens ont-ils ce plat mérite ?
Stérilité de l'âme, et de ce naturel
Agréable, amusant, sans bassesse et sans fiel.
On dit l'esprit commun ; par son succès bizarre,

La méchanceté prouve à quel point il est rare :
Ami du bien, de l'ordre et de l'humanité,
Le véritable esprit marche avec la bonté.
Cléon n'offre à nos yeux qu'une fausse lumière :
La réputation des mœurs est la première ;
Sans elle, croyez-moi, tout succès est trompeur,
Mon estime toujours commence par le cœur ;
Sans lui l'esprit n'est rien ; et, malgré vos maximes,
Il produit seulement des erreurs et des crimes.
Fait pour être chéri, ne serez-vous cité
Que pour le complaisant d'un homme détesté ?

### VALÈRE.

Je vois tout le contraire, on le recherche, on l'aime ;
Je voudrois que chacun me détestât de même :
On se l'arrache au moins ; je l'ai vu quelquefois
A des soupers divins retenu pour un mois ;
Quand il est à Paris il ne peut y suffire :
Me direz-vous qu'on hait un homme qu'on désire ?

### ARISTE.

Que dans ses procédés l'homme est inconséquent !
On recherche un esprit dont on hait le talent,
On applaudit aux traits du méchant qu'on abhorre ;
Et, loin de le proscrire, on l'encourage encore.
Mais convenez aussi qu'avec ce mauvais ton,
Tous ces gens, dont il est l'oracle ou le bouffon,
Craignent pour eux le sort des absents qu'il leur livre,
Et que tous avec lui seroient fâchés de vivre :
On le voit une fois, il peut être applaudi ;
Mais quelqu'un voudroit-il en faire son ami ?

VALÈRE.

On le craint, c'est beaucoup.

ARISTE.

                    Mérite pitoyable !
Pour les esprits sensés est-il donc redoutable ?
C'est ordinairement à de faibles rivaux
Qu'il adresse les traits de ses mauvais propos.
Quel honneur trouvez-vous à poursuivre, à confondre
A désoler quelqu'un qui ne peut vous répondre ?
Ce triomphe honteux de la méchanceté
Réunit la bassesse et l'inhumanité.
Quand sur l'esprit d'un autre on a quelque avantage,
N'est-il pas plus flatteur d'en mériter l'hommage,
De voiler, d'enhardir la faiblesse d'autrui,
Et d'en être à la fois et l'amour et l'appui ?

VALÈRE.

Qu'elle soit un peu plus, un peu moins vertueuse,
Vous m'avouerez du moins que sa vie est heureuse.
On épuise bientôt une société ;
On sait tout votre esprit, vous n'êtes plus fêté
Quand vous n'êtes plus neuf ; il faut une autre scène
Et d'autres spectateurs ; il passe, il se promène
Dans les cercles divers, sans gêne, sans lien ;
Il a la fleur de tout, n'est esclave de rien...

ARISTE.

Vous le croyez heureux ? Quelle âme méprisable !
Si c'est là son bonheur, c'est être misérable,

Étranger au milieu de la société,
Et partout fugitif, et partout rejeté.
Vous connoîtrez bientôt par votre expérience
Que le bonheur du cœur est dans la confiance.
Un commerce de suite avec les mêmes gens,
L'union des plaisirs, des goûts, des sentiments,
Une société peu nombreuse, et qui s'aime,
Où vous pensez tout haut, où vous êtes vous-même,
Sans lendemain, sans crainte, et sans malignité,
Dans le sein de la paix et de la sûreté :
Voilà le seul bonheur honorable et paisible
D'un esprit raisonnable, et d'un cœur né sensible.
Sans amis, sans repos, suspect et dangereux,
L'homme frivole et vague est déjà malheureux ;
Mais jugez avec moi combien l'est davantage
Un méchant affiché, dont on craint le passage ;
Qui traînant avec lui les rapports, les horreurs,
L'esprit de fausseté, l'art affreux des noirceurs ;
Abhorré, méprisé, couvert d'ignominie,
Chez les honnêtes gens demeure sans patrie.
Voilà le vrai proscrit, et vous le connoissez.

### VALÈRE.

Je ne le verrois plus si ce que vous pensez
Alloit m'être prouvé ; mais on outre les choses ;
C'est donner à des riens les plus horribles causes.
Quant à la probité, nul ne peut l'accuser :
Ce qu'il dit, ce qu'il fait n'est que pour s'amuser.

### ARISTE.

S'amuser, dites-vous ? Quelle erreur est la vôtre !

Quoi! vendre tour à tour, immoler l'une à l'autre
Chaque société, diviser les esprits,
Aigrir des gens brouillés, ou brouiller des amis,
Calomnier, flétrir des femmes estimables,
Faire du mal d'autrui ses plaisirs détestables;
Ce germe d'infamie et de perversité
Est-il dans la même âme avec la probité?
Et parmi vos amis vous souffrez qu'on le nomme?

VALÈRE.

Je ne le connois plus s'il n'est point honnête homme:
Mais il me reste un doute; avec trop de bonté
Je crains de me piquer de singularité:
Sans condamner l'avis de Cléon, ni le vôtre,
J'ai l'esprit de mon siècle, et je suis comme un autre.
Tout le monde est méchant; et je serois partout
Ou dupe, ou ridicule avec un autre goût.

ARISTE.

Tout le monde est méchant? oui, ces cœurs haïssables,
Ce peuple d'hommes faux, de femmes, d'agréables,
Sans principes, sans mœurs, esprits bas et jaloux,
Qui se rendent justice en se méprisant tous.
En vain ce peuple affreux, sans frein et sans scrupule,
De la bonté du cœur veut faire un ridicule;
Pour chasser ce nuage et voir avec clarté
Que l'homme n'est point fait pour la méchanceté,
Consultez, écoutez pour juges, pour oracles,
Les hommes rassemblés; voyez à nos spectacles,
Quand on peint quelque trait de candeur, de bonté,
Où brille en tout son jour la tendre humanité,

Tous les cœurs sont remplis d'une volupté pure,
Et c'est là qu'on entend le cri de la nature.

#### VALÈRE.

Vous me persuadez.

#### ARISTE.

Vous ne réussirez
Qu'en suivant ces conseils; soyez bon, vous plairez;
Si la raison ici vous a plu dans ma bouche,
Je le dois à mon cœur, que votre intérêt touche.
Géronte vient : calmez son esprit irrité,
Et comptez pour toujours sur ma docilité.

## SCÈNE V

### GÉRONTE, ARISTE, VALÈRE.

#### GÉRONTE.

Le voilà bien paré ! ma foi, c'est grand dommage
Que vous ayez ici perdu votre étalage !

#### VALÈRE.

Cessez de m'accabler, monsieur, et par pitié
Songez qu'avant ce jour j'avois votre amitié.
Par l'erreur d'un moment ne jugez point ma vie.
Je n'ai qu'une espérance, ah ! m'est-elle ravie ?
Sans l'aimable Chloé je ne puis être heureux :
Voulez-vous mon malheur ?

### GÉRONTE.

     Elle a d'assez beaux yeux...
Pour des yeux de province.

### VALÈRE.

      Ah! laissez là, de grâce
Des torts que pour toujours mon repentir efface :
Laissez un souvenir...

### GÉRONTE.

     Vous-même, laissez-nous.
Monsieur veut me parler. Au reste, arrangez-vous
Tout comme vous voudrez, vous n'aurez point ma nièce.

### VALÈRE.

Quand j'abjure à jamais ce qu'un moment d'ivresse...

### GÉRONTE.

Oh ! pour rompre, vraiment, j'ai bien d'autres raisons.

### VALÈRE.

Quoi donc ?

### GÉRONTE.

    Je ne dis rien : mais sans tant de façons
Laissez-nous, je vous prie, ou bien je me retire.

### VALÈRE.

Non, monsieur, j'obéis... A peine je respire...
Ariste, vous savez mes vœux et mes chagrins,
Décidez de mes jours, leur sort est dans vos mains.

## SCÈNE VI

### GÉRONTE, ARISTE.

#### ARISTE.

Vous le traitez bien mal ; je ne vois pas quel crime...

#### GÉRONTE.

A la bonne heure ; il peut obtenir votre estime ;
Vous avez vos raisons apparemment ; et moi
J'ai les miennes aussi ; chacun juge pour soi.
Je crois, pour votre honneur, que du petit Valère
Vous pouviez ignorer le mauvais caractère.

#### ARISTE.

Ce ton-là m'est nouveau ; jamais votre amitié
Avec moi jusqu'ici ne l'avoit employé.

#### GÉRONTE.

Que diable voulez-vous ? Quelqu'un qui me conseille
De m'empêtrer ici d'une espèce pareille
M'aime-t-il ? Vous voulez que je trouve parfait
Un petit suffisant qui n'a que du caquet,
D'ailleurs mauvais esprit, qui décide, qui fronde,
Parle bien de lui-même, et mal de tout le monde ?

#### ARISTE.

Il est jeune, il peut être indiscret, vain, léger ;

Mais, quand le cœur est bon, tout peut se corriger.
S'il vous a révolté par une extravagance,
Quoique sur cet article il s'obstine au silence,
Vous devez moins, je crois, vous en prendre à son cœur.
Qu'à de mauvais conseils, dont on saura l'auteur.
Sur la méchanceté vous lui rendrez justice :
Valère a trop d'esprit pour ne pas fuir ce vice.
Il peut en avoir eu l'apparence et le ton
Par vanité, par air, par indiscrétion ;
Mais de ce caractère il a vu la bassesse :
Comptez qu'il est bien né, qu'il pense avec noblesse.

### GÉRONTE.

Il fait donc l'hypocrite avec vous : en effet,
Il lui manquoit ce vice, et le voilà parfait.
Ne me contraignez pas d'en dire davantage ;
Ce que je sais de lui...

### ARISTE.

Cléon...

### GÉRONTE.

Encor ! J'enrage :
Vous avez la fureur de mal penser d'autrui ;
Qu'a-t-il à faire là ? Vous parlez mal de lui,
Tandis qu'il vous estime et qu'il vous justifie.

### ARISTE.

Moi ! me justifier ! eh ! de quoi, je vous prie ?

### GÉRONTE.

Enfin...

ARISTE.

Expliquez-vous, ou je romps pour jamais.
Vous ne m'estimez plus, si des soupçons secrets...

GÉRONTE.

Tenez, voilà Cléon, il pourra vous apprendre,
S'il veut, des procédés que je ne puis comprendre.
C'est de mon amitié faire bien peu de cas...
Je sors... car je dirois ce que je ne veux pas...

## SCÈNE VII

### CLÉON, ARISTE.

ARISTE.

M'apprendrez-vous, monsieur, quelle odieuse histoire
Me brouille avec Géronte, et quelle âme assez noire...

CLÉON.

Vous n'êtes pas brouillés; amis de tous les temps,
Vous êtes au-dessus de tous les différends :
Vous verrez simplement que c'est quelque nuage;
Cela finit toujours par s'aimer davantage.
Géronte a sur le cœur nos persécutions
Sur un parti qu'en vain vous et moi conseillons.
Moi, j'aime fort Valère, et je vois avec peine
Qu'il se soit annoncé par donner une scène;
Mais, soit dit entre nous, peut-on compter sur lui?

A bien examiner ce qu'il fait aujourd'hui,
On imagineroit qu'il détruit notre ouvrage,
Qu'il agit sourdement contre son mariage ;
Il veut, il ne veut plus : sait-il ce qu'il lui faut ?
Il est près de Chloé, qu'il refusoit tantôt.

ARISTE.

Tout seroit expliqué si l'on cessoit de nuire,
Si la méchanceté ne cherchoit à détruire...

CLÉON.

Oh bon ! quelle folie ! Êtes-vous de ces gens
Soupçonneux, ombrageux ? croyez-vous aux méchants ?
Et réalisez-vous cet être imaginaire,
Ce petit préjugé qui ne va qu'au vulgaire ?
Pour moi, je n'y crois pas : soit dit sans intérêt,
Tout le monde est méchant, et personne ne l'est ;
On reçoit et l'on rend ; on est à peu près quitte :
Parlez-vous des propos ? comme il n'est ni mérite,
Ni goût, ni jugement qui ne soit contredit,
Que rien n'est vrai sur rien, qu'importe ce qu'on dit ?
Tel sera mon héros, et tel sera le vôtre.
L'aigle d'une maison n'est qu'un sot dans une autre.
Je dis ici qu'Éraste est un mauvais plaisant ;
Eh bien ! on dit ailleurs qu'Éraste est amusant.
Si vous parlez des faits et des tracasseries,
Je n'y vois dans le fond que des plaisanteries ;
Et si vous attachez du crime à tout cela,
Beaucoup d'honnêtes gens sont de ces fripons-là.
L'agrément couvre tout, il rend tout légitime :
Aujourd'hui dans le monde on ne connoît qu'un crime,

C'est l'ennui ; pour le fuir tous les moyens sont bons ;
Il gagneroit bientôt les meilleures maisons,
Si l'on s'aimoit si fort ; l'amusement circule
Par les préventions, les torts, le ridicule ;
Au reste, chacun parle et fait comme il l'entend.
Tout est mal, tout est bien, tout le monde est content.

### ARISTE.

On n'a rien à répondre à de telles maximes :
Tout est indifférent pour les âmes sublimes.
Le plaisir, dites-vous, y gagne ; en vérité,
Je n'ai vu que l'ennui chez la méchanceté :
Ce jargon éternel de la froide ironie,
L'air de dénigrement, l'aigreur, la jalousie,
Ce ton mystérieux, ces petits mots sans fin,
Toujours avec un air qui voudroit être fin ;
Ces indiscrétions, ces rapports infidèles,
Ces basses faussetés, ces trahisons cruelles ;
Tout cela n'est-il pas, à le bien définir,
L'image de la haine, et la mort du plaisir ?
Aussi ne voit-on plus où sont ces caractères,
L'aisance, la franchise, et les plaisirs sincères.
On est en garde, on doute enfin si l'on rira ;
L'esprit qu'on veut avoir gâte celui qu'on a.
De la joie et du cœur on perd l'heureux langage
Pour l'absurde talent d'un triste persiflage.
Faut-il donc s'ennuyer pour être du bon air ?
Mais, sans perdre en discours un temps qui nous est cher,
Venons au fait, monsieur; connoissez ma droiture :
Si vous êtes ici, comme on le conjecture,
L'ami de la maison ; si vous voulez le bien,

Allons trouver Géronte, et qu'il ne cache rien :
Sa défiance ici tous deux nous déshonore.
Je lui révélerai des choses qu'il ignore ;
Vous serez notre juge : allons, secondez-moi,
Et soyons tous trois sûrs de notre bonne foi.

### CLÉON.

Une explication ! en faut-il quand on s'aime ?
Ma foi, laissez tomber tout cela de soi-même.
Me mêler là-dedans !... ce n'est pas mon avis :
Souvent un tiers se brouille avec les deux partis ;
Et je crains... Vous sortez ? Mais vous me faites rire.
De grâce, expliquez-moi...

### ARISTE.

Je n'ai rien à vous dire.

## SCÈNE VIII

### CLÉON, ARISTE, LISETTE.

#### LISETTE.

Messieurs, on vous attend dans le bois.

ARISTE, bas, à Lisette, en sortant.

Songe au moins...

LISETTE, bas, à Ariste.

Silence.

## SCÈNE IX

### CLÉON, LISETTE.

CLÉON.

Heureusement nous voilà sans témoins :
Achève de m'instruire, et ne fais aucun doute...

LISETTE.

Laissez-moi voir d'abord si personne n'écoute
Par hasard à la porte, ou dans ce cabinet :
Quelqu'un des gens pourroit entendre mon secret.

CLÉON, seul.

La petite Chloé, comme me dit Lisette,
Pourroit vouloir de moi ! l'aventure est parfaite :
Feignons ; c'est à Valère assurer son refus,
Et tourmenter Florise est un plaisir de plus.

LISETTE, à part, en revenant.

Tout va bien.

CLÉON.

Tu me vois dans la plus douce ivresse ;
Je l'aimois sans oser lui dire ma tendresse.
Sonde encor ses désirs : s'ils répondent aux miens,
Dis-lui que dès longtemps j'ai prévenu les siens.

LISETTE.

Je crains pourtant toujours.

CLÉON.

Quoi ?

LISETTE.

              Ce goût pour madame.

CLÉON.

Si tu n'as pour raison que cette belle flamme...
Je te l'ai déjà dit ; non, je ne l'aime pas.

LISETTE.

Ma foi, ni moi non plus. Je suis dans l'embarras,
Je veux sortir d'ici, je ne saurois m'y plaire :
Ce n'est pas pour monsieur ; j'aime son caractère,
Il est assez bon maître, et le même en tous temps,
Bon homme...

CLÉON.

        Oui, les bavards sont toujours bonnes gens.

LISETTE.

Pour madame... Oh ! d'honneur... Mais je crains ma franchise :
Si vous redeveniez amoureux de Florise...
Car vous l'avez été sûrement, et je croi...

CLÉON.

Moi, Lisette, amoureux ! tu te moques de moi :
Je ne me le suis cru qu'une fois en ma vie.
J'eus Araminte un mois ; elle étoit très jolie,
Mais coquette à l'excès ; cela m'ennuyoit fort :
Elle mourut, je fus enchanté de sa mort.

Il faut, pour m'attacher, une âme simple et pure,
Comme Chloé, qui sort des mains de la nature,
Faite pour allier les vertus aux plaisirs,
Et mériter l'estime en donnant des désirs ;
Mais madame Florise !...

### LISETTE.

Elle est insupportable ;
Rien n'est bien : autrefois je la croyois aimable,
Je ne la trouvois pas difficile à servir ;
Aujourd'hui, franchement, on n'y peut plus tenir ;
Et pour rester ici j'y suis trop malheureuse.
Comment la trouvez-vous ?

### CLÉON.

Ridicule, odieuse...
L'air commun, qu'elle croit avoir noble pourtant;
Ne pouvant se guérir de se croire une enfant :
Tant de prétentions, tant de petites grâces,
Que je mets, vu leur date, au nombre des grimaces;
Tout cela dans le fond m'ennuie horriblement ;
Une femme qui fuit le monde en enrageant,
Parce qu'on n'en veut plus, et se croit philosophe;
Qui veut être méchante, et n'en a pas l'étoffe;
Courant après l'esprit, ou plutôt se parant
De l'esprit répété qu'elle attrape en courant;
Jouant le sentiment : il faudroit, pour lui plaire,
Tous les menus propos de la vieille Cythère,
Ou sans cesse essuyer des scènes de dépit,
Des fureurs sans amour, de l'humeur sans esprit
Un amour-propre affreux, quoique rien ne soutienne...

### LISETTE.

Au fond je ne vois pas ce qui la rend si vaine.

### CLÉON.

Quoiqu'elle garde encor des airs sur la vertu,
De grands mots sur le cœur, qui n'a-t-elle pas eu ?
Elle a perdu les noms, elle a peu de mémoire ;
Mais tout Paris pourroit en retrouver l'histoire :
Et je n'aspire point à l'honneur singulier
D'être le successeur de l'univers entier.

### LISETTE, allant vers le cabinet.

Paix ! j'entends là-dedans... Je crains quelque aventure.

### CLÉON, seul.

Lisette est difficile, ou la voilà bien sûre
Que je n'ai point l'amour qu'elle me soupçonnoit :
Et si, comme elle aussi, Chloé l'imaginoit,
Elle ne craindra plus...

### LISETTE, à part, en revenant.

                Elle est, ma foi ! partie,
De rage, apparemment, ou bien par modestie.

### CLÉON.

Eh bien ?

### LISETTE.

        On me cherchoit. Mais vous n'y pensez pas,
Monsieur ; souvenez-vous qu'on vous attend là-bas.
Gardons bien le secret, vous sentez l'importance...

### CLÉON.

Compte sur les effets de ma reconnoissance
Si tu peux réussir à faire mon bonheur.

### LISETTE.

Je ne demande rien, j'oblige pour l'honneur.
A part, en sortant.
Ma foi, nous le tenons.

### CLÉON, seul.

                    Pour couronner l'affaire,
Achevons de brouiller et de noyer Valère.

# ACTE V

## SCÈNE PREMIÈRE

### FRONTIN, LISETTE.

LISETTE.

Entre donc..... ne crains rien, te dis-je, ils n'y sont pas.
Eh bien ! de ta prison tu dois être fort las ?

FRONTIN.

Moi ! non. Qu'on veuille ainsi me faire bonne chère,
Et que j'aie en tout temps Lisette pour geôlière,
Je serai prisonnier, ma foi, tant qu'on voudra.
Mais si mon maître enfin...

LISETTE.

                Supprime ce nom-là;
Tu n'es plus à Cléon, je te donne à Valère :

Chloé doit l'épouser, et voilà ton affaire ;
Grâce à la noce, ici tu restes attaché,
Et nous nous marierons par-dessus le marché.

### FRONTIN.

L'affaire de la noce est donc raccommodée ?

### LISETTE.

Pas tout à fait encor, mais j'en ai bonne idée ;
Je ne sais quoi me dit qu'en dépit de Cléon
Nous ne sommes pas loin de la conclusion :
En gens congédiés je crois me bien connoître,
Ils ont d'avance un air que je trouve à ton maître ;
Dans l'esprit de Florise il est expédié.
Grâce aux conseils d'Ariste, au pouvoir de Chloé
Valère l'abandonne : ainsi, selon mon compte,
Cléon n'a plus pour lui que l'erreur de Géronte,
Qui par nous tous dans peu saura la vérité :
Veux-tu lui rester seul ? et que ta probité...

### FRONTIN.

Mais le quitter ! jamais je n'oserai lui dire.

### LISETTE.

Bon ! Eh bien ! écris-lui... Tu ne sais pas écrire
Peut-être ?

### FRONTIN.

Si, parbleu !

### LISETTE.

Tu te vantes ?

FRONTIN.

         Moi ? non :
Tu vas voir.

  Il écrit.

LISETTE.

  Je croyois que tu signois ton nom
Simplement ; mais tant mieux : mande-lui, sans mystère
Qu'un autre arrangement que tu crois nécessaire
Des raisons de famille enfin, t'ont obligé
De lui signifier que tu prends ton congé.

FRONTIN.

Ma foi, sans compliment, je demande mes gages :
Tiens, tu lui porteras...

LISETTE.

      Dès que tu te dégages
De ta condition, tu peux compter sur moi,
Et j'attendois cela pour finir avec toi ;
Valère, c'en est fait, te prend à son service.
Tu peux dès ce moment entrer en exercice ;
Et, pour que ton état soit dûment éclairci,
Sans retour, sans appel, dans un moment d'ici
Je te ferai porter au château de Valère
Un billet qu'il m'a dit d'envoyer à sa mère :
Cela te sauvera toute explication,
Et le premier moment de l'humeur de Cléon...
Mais je crois qu'on revient.

FRONTIN.

          Il pourroit nous surprendre,
J'en meurs de peur : adieu.

LISETTE.

          Ne crains rien : va m'attendre.
Je vais t'expédier.

FRONTIN, revenant sur ses pas.

          Mais à propos vraiment,
J'oubliois...

LISETTE.

Sauve-toi ; j'irai dans un moment
T'entendre et te parler.


## SCÈNE II

### LISETTE.

          J'ai de son écriture :
Je voudrois bien savoir quelle est cette aventure,
Et pour quelle raison Ariste m'a prescrit
Un si profond secret quand j'aurois cet écrit.
Il se peut que ce soit pour quelque gentillesse
De Cléon ; en tout cas, je ne rends cette pièce
Que sous condition, et s'il m'assure bien
Qu'à mon pauvre Frontin il n'arrivera rien :

Car enfin bien des gens, à ce que j'entends dire,
Ont été quelquefois pendus pour trop écrire.
Mais le voici.

## SCÈNE III

### ARISTE, FLORISE, LISETTE.

LISETTE, à part, à Ariste.

Monsieur, pourrois-je vous parler?

ARISTE.

Je te suis dans l'instant.

## SCÈNE IV

### FLORISE, ARISTE.

ARISTE.

                C'est trop vous désoler;
En vérité, madame, il ne vaut point la peine
Du moindre sentiment de colère ou de haine :
Libre de vos chagrins, partagez seulement
Le plaisir que Chloé ressent en ce moment
D'avoir pu recouvrer l'amitié de sa mère,
Et de vous voir sensible à l'espoir de Valère.
Vous ne m'étonnez point, au reste, et vous deviez
Attendre de Cléon tout ce que vous voyez.

#### FLORISE.

Qu'on ne m'en parle plus : c'est un fourbe exécrable,
Indigne du nom d'homme, un monstre abominable.
Trop tard pour mon malheur je déteste aujourd'hui
Le moment où j'ai pu me lier avec lui.
Je suis outrée !

#### ARISTE.

Il faut, sans tarder, sans mystère
Qu'il soit chassé d'ici.

#### FLORISE.

Je ne sais comment faire,
Je le crains; c'est pour moi le plus grand embarras.

#### ARISTE.

Méprisez-le à jamais, vous ne le craindrez pas.
Voulez-vous avec lui vous abaisser à feindre?
Vous l'honoreriez trop en paroissant le craindre;
Osez l'apprécier : tous ces gens redoutés,
Fameux par les propos et par les faussetés,
Vus de près ne sont rien; et toute cette espèce
N'a de force sur nous que par notre foiblesse.
Des femmes sans esprit, sans grâces, sans pudeur
Des hommes décriés, sans talents, sans honneur,
Verront donc à jamais leurs noirceurs impunies,
Nous tiendront dans la crainte à force d'infamies,
Et se feront un nom d'une méchanceté
Sans qui l'on n'eût pas su qu'ils avoient existé !
Non; il faut s'épargner tout égard, toute feinte;

Les braver sans foiblesse, et les nommer sans crainte.
Tôt ou tard la vertu, les grâces, les talents,
Sont vainqueurs des jaloux, et vengés des méchants

### FLORISE.

Mais songez qu'il peut nuire à toute ma famille,
Qu'il va tenir sur moi, sur Géronte et ma fille,
Les plus affreux discours...

### ARISTE.

                      Qu'il parle mal ou bien
Il est déshonoré, ses discours ne sont rien ;
Il vient de couronner l'histoire de sa vie :
Je vais mettre le comble à son ignominie
En écrivant partout les détails odieux
De la division qu'il semoit en ces lieux.
Autant il faut de soins, d'égards et de prudence
Pour ne point accuser l'honneur et l'innocence,
Autant il faut d'ardeur, d'inflexibilité
Pour déférer un traître à la société ;
Et l'intérêt commun veut qu'on se réunisse
Pour flétrir un méchant, pour en faire justice.
J'instruirai l'univers de sa mauvaise foi,
Sans me cacher ; je veux qu'il sache que c'est moi :
Un rapport clandestin n'est pas d'un honnête homme
Quand j'accuse quelqu'un, je le dois, et me nomme.

### FLORISE.

Non ; si vous m'en croyez, laissez-moi tout ce soin
De l'éloigner de nous sans éclat, sans témoin.

Quelque peine que j'aie à soutenir sa vue,
Je veux l'entretenir, et dans cette entrevue
Je vais lui faire entendre intelligiblement
Qu'il est de trop ici : tout autre arrangement
Ne réussiroit pas sur l'esprit de mon frère :
Cléon plus que jamais a le don de lui plaire ;
Ils ne se quittent plus, et Géronte prétend
Qu'il doit à sa prudence un service important.
Enfin, vous le voyez, vous avez eu beau dire
Qu'on soupçonnoit Cléon d'une affreuse satire,
Géronte ne croit rien : nul doute, nul soupçon
N'a pu faire sur lui la moindre impression...
Mais ils viennent, je crois : sortons, je vais attendre
Que Cléon soit tout seul.

## SCÈNE V

### GÉRONTE, CLÉON.

#### GÉRONTE.

Je ne veux rien entendre ;
Votre premier conseil est le seul qui soit bon :
Je n'oublierai jamais cette obligation.
Cessez de me parler pour ce petit Valère ;
Il ne sait ce qu'il veut, mais il sait me déplaire :
Il refusoit tantôt, il consent maintenant.
Moi, je n'ai qu'un avis, c'est un impertinent.
Ma sœur sur son chapitre est, dit-on, revenue :
Autre esprit inégal sans aucune tenue ;

Mais ils ont beau s'unir, je ne suis pas un sot ;
Un fou n'est pas mon fait, voilà mon dernier mot.
Qu'ils en enragent tous, je n'en suis pas plus triste.
Que dites-vous aussi de ce bon homme Ariste ?
Ma foi, mon vieux ami n'a plus le sens commun ;
Plein de préventions, discoureur importun,
Il veut que vous soyez l'auteur d'une satire
Où je suis pour ma part ; il vous fait même écrire
Ma lettre de tantôt : vainement je lui dis
Qu'elle étoit clairement d'un de vos ennemis,
Puisqu'on vouloit donner des soupçons sur vous-même ;
Rien n'y fait : il soutient son absurde système.
Soit dit confidemment, je crois qu'il est jaloux
De tous les sentiments qui m'attachent à vous.

### CLÉON.

Qu'il choisisse donc mieux les crimes qu'il me donne ;
Car moi, je suis si loin d'écrire sur personne,
Que, sans autre sujet, j'ai renvoyé Frontin
Sur le simple soupçon qu'il étoit écrivain ;
Il m'étoit revenu que dans des brouilleries
On l'avoit employé pour des tracasseries :
On peut nous imputer les fautes de nos gens,
Et je m'en suis défait de peur des accidents.
Je ne répondrois pas qu'il n'eût part au mystère
De l'écrit contre vous ; et peut-être Valère,
Qui refusoit d'abord, et qui connoît Frontin
Depuis qu'il me connoît, s'est servi de sa main
Pour écrire à sa mère une lettre anonyme.
Au reste... il ne faut point que cela vous anime
Contre lui ; ce soupçon peut n'être pas fondé.

GÉRONTE.

Oh! vous êtes trop bon : je suis persuadé,
Par le ton qu'employoit ce petit agréable,
Qu'il est faux, méchant, noir, et qu'il est bien capable
Du mauvais procédé dont on veut vous noircir.
Qu'on vous accuse encore ! oh ! laissez-les venir.
Puisque de leur présence on ne peut se défaire,
Je vais leur déclarer d'une façon très claire
Que je romps tout accord ; car, sans comparaison,
J'aime mieux vingt procès qu'un fat dans ma maison.


## SCÈNE VI

CLÉON.

Que je tiens bien mon sot ! Mais par quelle inconstance
Florise semble-t-elle éviter ma présence ?
L'imprudente Lisette auroit-elle avoué ?
Elle consent, dit-on, à marier Chloé.
On ne sait ce qu'on tient avec ces femmelettes :
Mais je l'ai subjuguée... un mot, quelques fleurettes
Me la ramèneront... ou, si je suis trahi,
J'en suis tout consolé, je me suis réjoui.

## SCÈNE VII

### CLÉON, FLORISE.

CLÉON.

Vous venez à propos : j'allois chez vous, madame...
Mais quelle rêverie occupe donc votre âme?
Qu'avez-vous? vos beaux yeux me semblent moins sereins;
Faite pour les plaisirs, auriez-vous des chagrins?

FLORISE.

J'en ai de trop réels.

CLÉON.

Dites-les-moi, de grâce,
Je les partagerai, si je ne les efface.
Vous connoissez...

FLORISE.

J'ai fait bien des réflexions,
Et je ne trouve pas que nous nous convenions.

CLÉON.

Comment, belle Florise? et quel affreux caprice
Vous force à me traiter avec tant d'injustice?
Quelle étoit mon erreur! quand je vous adorois,
Je me croyois aimé...

FLORISE.

Je me l'imaginois;

Mais je vois à présent que je me suis trompée :
Par d'autres sentiments mon âme est occupée ;
Des folles passions j'ai reconnu l'erreur,
Et ma raison enfin a détrompé mon cœur.

### CLÉON.

Mais est-ce bien à moi que ce discours s'adresse ?
A moi dont vous savez l'estime et la tendresse,
Qui voulois à jamais tout vous sacrifier,
Qui ne voyois que vous dans l'univers entier ?
Ne me confirmez pas l'arrêt que je redoute ;
Tranquillisez mon cœur : vous l'éprouvez, sans doute ?

### FLORISE.

Une autre vous auroit fait perdre votre temps,
Ou vous amuseroit par l'air des sentiments ;
Moi, qui ne suis point fausse...

### CLÉON, à genoux, et de l'air le plus affligé.

      Et vous pouvez, cruelle,
M'annoncer froidement cette affreuse nouvelle ?

### FLORISE.

Il faut ne nous plus voir.

### CLÉON, se relevant, et éclatant de rire.

      Ma foi, si vous voulez
Que je vous parle aussi très vrai, vous me comblez.
Vous m'avez épargné, par cet aveu sincère,
Le même compliment que je voulois vous faire.

Vous cessez de m'aimer, vous me croyez quitté ;
Mais j'ai depuis longtemps gagné de primauté.

FLORISE.

C'est trop souffrir ici la honte où je m'abaisse ;
Je rougis des égards qu'employoit ma foiblesse.
Eh bien ! allez, monsieur : que vos talents sur nous
Épuisent tous les traits qui sont dignes de vous ;
Ils partent de trop bas pour pouvoir nous atteindre,
Vous êtes démasqué, vous n'êtes plus à craindre :
Je ne demande pas d'autre éclaircissement,
Vous n'en méritez point. Partez dès ce moment ;
Ne me voyez jamais.

CLÉON.

La dignité s'en mêle !
Vous mettez de l'humeur à cette bagatelle !
Sans nous en aimer moins, nous nous quittons tous deux.
Épargnons à Géronte un éclat scandaleux.
Ne donnons point ici de scène extravagante ;
Attendons quelques jours, et vous serez contente :
D'ailleurs il m'aime assez, et je crois malaisé...

FLORISE.

Oh ! je veux sur-le-champ qu'il soit désabusé.

## SCÈNE VIII

### GÉRONTE, ARISTE, VALÈRE, CLÉON FLORISE, CHLOÉ.

#### GÉRONTE.

Eh bien ! qu'est-ce, ma sœur ? Pourquoi tout ce tapage ?

#### FLORISE.

Je ne puis point ici demeurer davantage,
Si monsieur, qu'il falloit n'y recevoir jamais...

#### CLÉON.

L'éloge n'est pas fade.

#### GÉRONTE.

    Oh ! qu'on me laisse en paix ;
Ou, si vous me poussez, tel ici qui m'écoute...

#### ARISTE.

Valère ne craint rien : pour moi, je ne redoute
Nulle explication. Voyons, éclaircissez...

#### GÉRONTE.

Je m'entends, il suffit.

#### ARISTE.

    Non, ce n'est point assez :
Ainsi que l'amitié la vérité m'engage...

GÉRONTE.

Et moi, je n'en veux point entendre davantage :
Dans ces misères-là je n'ai plus rien à voir,
Et je sais là-dessus tout ce qu'on peut savoir.

ARISTE.

Sachez donc avec moi confondre l'imposture;
De la lettre sur vous connoissez l'écriture...
C'est Frontin, le valet de monsieur que voilà.

GÉRONTE.

Vraiment oui, c'est Frontin; je savois tout cela :
Belle nouvelle !

ARISTE.

        Eh quoi! votre raison balance ?
Et vous ne voyez pas avec trop d'évidence...

GÉRONTE.

Un valet, un coquin !...

VALÈRE.

            Connoissez mieux les gens;
Vous accusez Frontin, et moi je le défends.

GÉRONTE.

Parbleu ! je le crois bien, c'est votre secrétaire.

VALÈRE.

Que dites-vous, monsieur ? et quel nouveau mystère...
Pour vous en éclaircir interrogeons Frontin.

#### CLÉON.

Il est parti, je l'ai renvoyé ce matin.

#### VALÈRE.

Vous l'avez renvoyé; moi, je l'ai pris, qu'il vienne.
A un laquais.

Qu'on appelle Lisette, et qu'elle nous l'amène.

#### GÉRONTE.
A Valère.

Frontin vous appartient ?
A Cléon.

        Autre preuve pour nous !
Il étoit à monsieur même en servant chez vous,
Et je ne doute pas qu'il ne le justifie.

#### CLÉON.

Valère, quelle est donc cette plaisanterie ?

#### VALÈRE.

Je ne plaisante plus, et ne vous connois point.
Dans tous les lieux, au reste, observez bien ce point:
Respectez ce qu'ici je respecte et que j'aime;
Songez que l'offenser, c'est m'offenser moi-même.

#### GÉRONTE.

Mais vraiment il est brave ; on me mandoit que non.

## SCÈNE IX

### CLÉON, GÉRONTE, ARISTE, VALÈRE, FLORISE, CHLOÉ, LISETTE.

ARISTE, à Lisette.

Qu'as-tu fait de Frontin ? et par quelle raison...

LISETTE.

Il est parti.

ARISTE.

Non, non : ce n'est plus un mystère.

LISETTE.

Il est allé porter la lettre de Valère ;
Vous ne m'aviez pas dit...

ARISTE.

Quel contretemps fâcheux !

CLÉON.

Comment, malgré mon ordre il étoit en ces lieux !
Je veux de ce fripon...

LISETTE.

Un peu de patience,
Et moins de compliments ; Frontin vous en dispense.

Il peut bien par hasard avoir l'air d'un fripon,
Mais dans le fond il est fort honnête garçon;

*Montrant Valère.*

Il vous quitte d'ailleurs, et monsieur en ordonne :
Mais comme il ne prétend rien avoir à personne,
J'aurois bien à vous rendre un paquet qu'à Paris
A votre procureur vous auriez cru remis ;
Mais...

FLORISE, *se saisissant du paquet.*

Donne cet écrit ; j'en sais tout le mystère.

CLÉON, *très vivement.*

Mais, madame, c'est vous... Songez...

FLORISE.

       Lisez, mon frère.
Vous connoissez la main de monsieur ; apprenez
Les dons que son bon cœur vous avoit destinés,
Et jugez par ce trait des indignes manœuvres...

GÉRONTE, *en fureur, après avoir lu.*

M'interdire ! corbleu ! Voilà donc de vos œuvres !
Ah ! monsieur l'honnête homme, enfin je vous connois :
Remarquez ma maison pour n'y rentrer jamais.

CLÉON.

C'est à l'attachement de madame Florise
Que vous devez l'honneur de toute l'entreprise :
Au reste, serviteur. Si l'on parle de moi,
Avec ce que j'ai vu, je suis en fonds, je croi,
Pour prendre ma revanche.

*Il sort.*

## SCÈNE X

### GÉRONTE, ARISTE, VALÈRE, FLORISE CHLOÉ, LISETTE.

GÉRONTE, à Cléon qui sort.

Oh! l'on ne vous craint guère...
Je ne suis pas plaisant, moi, de mon caractère ;
Mais morbleu ! s'il ne part...

ARISTE.

Ne pensez plus à lui.
Malgré l'air satisfait qu'il affecte aujourd'hui,
Du moindre sentiment si son âme est capable,
Il est assez puni quand l'opprobre l'accable.

GÉRONTE.

Sa noirceur me confond... Daignez oublier tous
L'injuste éloignement qu'il m'inspiroit pour vous.
Ma sœur, faisons la paix... Ma nièce auroit Valère,
Si j'étais bien certain...

ARISTE.

S'il a pu vous déplaire,
(Je vous l'ai déjà dit) un conseil ennemi...

GÉRONTE.

A Valère.

Allons, je te pardonne...

A Ariste.

>Et nous, mon cher ami,
Qu'il ne soit plus parlé de torts ni de querelles,
Ni de gens à la mode, et d'amitiés nouvelles.
Malgré tout le succès de l'esprit des méchants,
Je sens qu'on en revient toujours aux bonnes gens.

# ÉPITRES

# ÉPITRES

## LA CHARTREUSE

A M. D. D. N.

Pourquoi de ma sage indolence
Interrompez-vous l'heureux cours ?
Soit raison, soit indifférence,
Dans une douce négligence,
Et loin des Muses pour toujours,
J'allois racheter en silence
La perte de mes premiers jours ;
Transfuge des routes ingrates
De l'infructueux Hélicon,
Dans les retraites des Socrates
J'allois jouir de ma raison,
Et m'arracher, malgré moi-même,
Aux délicieuses erreurs

De cet art brillant et suprême
Qui, malgré ses attraits flatteurs,
Toujours peu sûr et peu tranquille,
Fait de ses plus chers amateurs
L'objet de la haine imbécile
Des pédants, des prudes, des sots,
Et la victime des cagots.
Mais votre épître enchanteresse,
Pour moi trop prodigue d'encens,
Des douces vapeurs du Permesse
Vient encore enivrer mes sens.
Vainement j'abjurois la rime ;
L'haleine légère des vents
Emportoit mes foibles serments ;
Aminte, votre goût ranime
Mes accords et ma liberté ;
Entre Uranie et Terpsichore,
Je reviens m'amuser encore
Au Pinde que j'avois quitté.
Tel, par sa pente naturelle,
Par une erreur toujours nouvelle,
Quoiqu'il semble changer son cours,
Autour de la flamme infidèle
Le papillon revient toujours.

Vous voulez qu'en rimes légères
Je vous offre des traits sincères
Du gîte où je suis transplanté :
Mais comment faire, en vérité ?
Entouré d'objets déplorables,
Pourrai-je de couleurs aimables

Égayer le sombre tableau
De mon domicile nouveau ?
Y répandrai-je cette aisance,
Ces sentiments, ces traits diserts.
Et cette molle négligence
Qui, mieux que l'exacte cadence,
Embellit les aimables vers ?
Je ne suis plus dans ces bocages
Où, plein de riantes images,
J'aimai souvent à m'égarer ;
Je n'ai plus ces fleurs, ces ombrages,
Ni vous-même pour m'inspirer.

Quand, arraché de vos rivages
Par un destin trop rigoureux,
J'entrai dans ces manoirs sauvages,
Dieux ! quel contraste douloureux !
Au premier aspect de ces lieux,
Pénétré d'une horreur secrète,
Mon cœur, subitement flétri,
Dans une surprise muette
Resta longtemps enseveli.
Quoi qu'il en soit, je vis encore ;
Et, malgré vingt sujets divers
De regrets et de tristes airs
Ne craignez point que je déplore
Mon infortune dans ces vers.
De l'assoupissante élégie
Je méprise trop les fadeurs :
Phébus me plonge en léthargie
Dès qu'il fredonne des langueurs

Je cesse d'estimer Ovide
Quand il vient sur de foibles tons
Me chanter, pleureur insipide
De longues lamentations.
Un esprit mâle et vraiment sage,
Dans le plus invincible ennui
Dédaignant le triste avantage
De se faire plaindre d'autrui,
Dans une égalité hardie
Foule aux pieds la terre et le sort,
Et joint au mépris de la vie
Un égal mépris de la mort :
Mais, sans cette âpreté stoïque,
Vainqueur du chagrin léthargique,
Par un heureux tour de penser
Je sais me faire un jeu comique
Des peines que je vais tracer.
Ainsi l'aimable poésie,
Qui dans le reste de la vie
Porte assez peu d'utilité,
De l'objet le moins agréable
Vient adoucir l'austérité,
Et nous sauve, au moins par la fable,
Des ennuis de la vérité.
C'est par cette vertu magique
Du télescope poétique
Que je retrouve encor les ris
Dans la lucarne infortunée
Où la bizarre destinée
Vient de m'enterrer à Paris.
Sur cette montagne empestée

Où la foule toujours crottée
De prestolets provinciaux
Trotte sans cause et sans repos,
Vers ces demeures odieuses
Où règnent les longs arguments
Et les harangues ennuyeuses,
Loin du séjour des agréments ;
Enfin, pour fixer votre vue,
Dans cette pédantesque rue
Où trente faquins d'imprimeurs,
Avec un air de conséquence,
Donnent froidement audience
A cent faméliques auteurs,
Il est un édifice immense
Où, dans un loisir studieux,
Les doctes arts forment l'enfance
Des fils des héros et des dieux.
Là, du toit d'un cinquième étage
Qui domine avec avantage
Tout le climat grammarien,
S'élève un antre aérien,
Un astrologique ermitage,
Qui paroît mieux, dans le lointain,
Le nid de quelque oiseau sauvage
Que la retraite d'un humain.
C'est pourtant de cette guérite,
C'est de ce céleste tombeau,
Que votre ami, nouveau stylite,
A la lueur d'un noir flambeau,
Penché sur un lit sans rideau,
Dans un déshabillé d'ermite,

Vous griffonne aujourd'hui sans fard,
Et peut être sans trop de suite,
Ces vers enfilés au hasard ;
Et tandis que pour vous je veille
Longtemps avant l'aube vermeille,
Empaqueté comme un Lapon,
Cinquante rats à mon oreille
Ronflent encore en faux-bourdon.

Si ma chambre est ronde ou carrée,
C'est ce que je ne dirai pas.
Tout ce que j'en sais sans compas,
C'est que, depuis l'oblique entrée,
Dans cette cage resserrée
On peut former jusqu'à six pas.
Une lucarne mal vitrée,
Près d'une gouttière livrée
A d'interminables sabbats,
Où l'université des chats,
A minuit, en robe fourrée,
Vient tenir ses bruyants états ;
Une table mi-démembrée
Près du plus humble des grabats ;
Six brins de paille délabrée,
Tressés sur de vieux échalas ;
Voilà les meubles délicats
Dont ma Chartreuse est décorée,
Et que les frères de Borée
Bouleversent avec fracas.
Lorsque sur ma niche éthérée
Ils préludent aux fiers combats

Qu'ils vont livrer sur vos climats,
Ou quand leur troupe conjurée
Y vient préparer ces frimas
Qui versent sur chaque contrée
Les catarrhes et le trépas.
Je n'outre rien; telle est en somme
La demeure où je vis en paix,
Concitoyen du peuple gnome,
Des sylphides et des follets;
Telles on nous peint les tanières
Où gisent, ainsi qu'au tombeau,
Les pythonisses, les sorcières,
Dans le donjon d'un vieux château;
Ou tel est le sublime siège
D'où, flanqué des trente-deux vents,
L'auteur de l'almanach de Liége
Lorgne l'histoire du beau temps,
Et fabrique avec privilège
Ses astronomiques romans.

Sur ce portrait abominable,
On penseroit qu'en lieu pareil
Il n'est point d'instant délectable
Que dans les heures du sommeil.
Pour moi, qui d'un poids équitable
Ai pesé des foibles mortels
Et les biens et les maux réels,
Qui sais qu'un bonheur véritable
Ne dépendit jamais des lieux,
Que le palais le plus pompeux
Souvent renferme un misérable,

Et qu'un désert peut être aimable
Pour quiconque sait être heureux,
De ce Caucase inhabitable
Je me fais l'Olympe des dieux.
Là, dans la liberté suprême,
　Semant de fleurs tous mes instants,
Dans l'empire de l'hiver même
Je trouve les jours du printemps.
Calme heureux ! loisir solitaire !
Quand on jouit de ta douceur,
Quel antre n'a point de quoi plaire ?
Quelle caverne est étrangère,
Lorsqu'on y trouve le bonheur ;
Lorsqu'on y vit sans spectateur
Dans le silence littéraire,
Loin de tout importun jaseur,
Loin des froids discours du vulgaire
Et des hauts tons de la grandeur ;
Loin de ces troupes doucereuses
Où d'insipides précieuses
Et de petits fats ignorants
Viennent, conduits par la Folie,
S'ennuyer en cérémonie,
Et s'endormir en compliments ;
Loin de ces plates coteries
Où l'on voit souvent réunies
L'ignorance en petit manteau,
La bigoterie en lunettes,
La minauderie en cornettes,
Et la réforme en grand chapeau :
Loin de ce médisant infâme

Qui de l'imposture et du blâme
Est l'impur et bruyant écho;
Loin de ces sots atrabilaires
Qui, cousus de petits mystères,
Ne nous parlent qu'incognito;
Loin de ces ignobles Zoïles,
De ces enfileurs de dactyles,
Coiffés de phrases imbéciles
Et de classiques préjugés,
Et qui, de l'enveloppe épaisse
Des pédants de Rome et de Grèce
N'étant point encor dégagés,
Portent leur petite sentence
Sur la rime et sur les auteurs
Avec autant de connoissance
Qu'un aveugle en a des couleurs;
Loin de ces voix acariâtres
Qui, dogmatisant sur des riens,
Apportent dans les entretiens
Le bruit des bancs opiniâtres,
Et la profonde déraison
De ces disputes soldatesques
Où l'on s'insulte à l'unisson
Pour des misères pédantesques
Qui sont bien moins la vérité
Que les rêves creux et burlesques
De la crédule antiquité;
Loin de la gravité chinoise
De ce vieux druide empesé
Qui, sous un air symétrisé,
Parle à trois temps, rit à la toise,

Regarde d'un œil apprêté,
Et m'ennuie avec dignité;
Loin de tous ces faux cénobites
Qui, voués encor tout entiers
Aux vanités qu'ils ont proscrites,
Errant de quartiers en quartiers,
Vont dans d'équivoques visites
Porter leurs faces parasites
Et le dégoût de leurs moutiers;
Loin de ces faussets du Parnasse
Qui, pour avoir glapi parfois
Quelque épithalame à la glace
Dans un petit monde bourgeois,
Ne causent plus qu'en folles rimes,
Ne vous parlent que d'Apollon,
De Pégase et de Cupidon,
Et telles fadeurs synonymes,
Ignorant que ce vieux jargon,
Relégué dans l'ombre des classes,
N'est plus aujourd'hui de saison
Chez la brillante Fiction,
Que les tendres lyres des Grâces
Se montent sur un autre ton,
Et qu'enfin de la foule obscure,
Qui rampe au marais d'Hélicon
Pour sauver ses vers et son nom,
Il faut être, sans imposture,
L'interprète de la nature
Et le peintre de la raison;
De ces timides discoureurs
Qui, non guéris de l'ignorance

Dont on a pétri leur enfance,
Restent noyés dans mille erreurs
Et damnent toute âme sensée
Qui, loin de la route tracée,
Cherchant la persuasion,
Ose soustraire sa pensée
A l'aveugle prévention ?

A ces traits je pourrois, Aminte,
Ajouter encor d'autres mœurs :
Mais, sur cette légère empreinte
D'un peuple d'ennuyeux causeurs
Dont j'ai nuancé les couleurs,
Jugez si toute solitude
Qui nous sauve de leurs vains bruits
N'est point l'asile et le pourpris
De l'entière béatitude ;
Que dis-je ? est-on seul, après tout,
Lorsque, touché des plaisirs sages,
On s'entretient dans les ouvrages
Des dieux de la lyre et du goût ?
Par une illusion charmante,
Que produit la verve brillante
De ces chantres ingénieux,
Eux-mêmes s'offrent à mes yeux,
Non sous ces vêtements funèbres,
Non sous ces dehors odieux
Qu'apportent du sein des ténèbres
Les fantômes des malheureux :
Quand, vengeur des crimes célèbres,
Ils montent aux terrestres lieux,

Mais sous cette parure aisée,
Sous ces lauriers vainqueurs du sort,
Que les citoyens d'Élysée
Sauvent du souffle de la mort.

Tantôt de l'azur d'un nuage
Plus brillant que les plus beaux jours
Je vois sortir l'ombre volage
D'Anacréon, ce tendre sage,
Le Nestor du galant rivage,
Le patriarche des Amours.
Épris de son doux badinage,
Horace accourt à ses accents,
Horace, l'ami du bon sens,
Philosophe sans verbiage,
Et poète sans fade encens.
Autour de ces ombres aimables,
Couronnés de roses durables,
Chapelle, Chaulieu, Pavillon,
Et la naïve Deshoulières,
Viennent unir leurs voix légères,
Et font badiner la raison :
Tandis que le Tasse et Milton,
Pour eux, des trompettes guerrières
Adoucissent le double ton.
Tantôt à ce folâtre groupe
Je vois succéder une troupe
De morts un peu plus sérieux,
Mais non moins charmants à mes yeux.
Je vois Saint-Réal et Montagne
Entre Sénèque et Lucien :

Saint-Évremond les accompagne;
Sur la recherche du vrai bien
Je le vois porter la lumière;
La Rochefoucauld, La Bruyère,
Viennent embellir l'entretien.
Bornant au doux fruit de leurs plumes
Ma bibliothèque et mes vœux,
Je laisse aux savantas poudreux
Ce vaste chaos de volumes
Dont l'erreur et les sots divers
Ont infatué l'univers,
Et qui, sous le nom de science,
Semés et reproduits partout,
Immortalisent l'ignorance,
Les mensonges et le faux goût.

C'est ainsi que, par la présence
De ces morts vainqueurs des destins,
On se console de l'absence,
De l'oubli même des humains.
A l'abri de leurs noirs orages,
Sur la cime de mon rocher,
Je vois à mes pieds les naufrages
Qu'ils vont imprudemment chercher.
Pourquoi dans leur foule importune
Voudriez-vous me rétablir?
Leur estime ni leur fortune
Ne me causent point un désir.
Pourrois-je, en proie aux soins vulgaires,
Dans la commune illusion,
Offusquer mes propres lumières

Du bandeau de l'opinion ?
Irois-je, adulateur sordide,
Encenser un sot dans l'éclat,
Amuser un Crésus stupide,
Et monseigneuriser un fat ;
Sur des espérances frivoles,
Adorer avec lâcheté
Ces chimériques fariboles
De grandeur et de dignité ;
Et, vil client de la fierté,
A de méprisables idoles
Prostituer la vérité ?
Irois-je, par d'indignes brigues,
M'ouvrir des palais fastueux,
Languir dans de folles fatigues,
Ramper à replis tortueux
Dans de puériles intrigues,
Sans oser être vertueux ?
De la sublime poésie
Profanant l'aimable harmonie,
Irois-je, par de vains accents,
Chatouiller l'oreille engourdie
De cent ignares importants
Dont l'âme massive, assoupie,
Dans des organes impuissants,
Ou livrée aux fougues des sens,
Ignore les dons du génie
Et les plaisirs des sentiments ?
Irois-je pâlir sur la rime
Dans un siècle insensible aux arts,
Et de ce rien qu'on nomme estime

Affronter les nombreux hasards ?
Et d'ailleurs, quand la Poésie,
Sortant de la nuit du tombeau,
Reprendroit le sceptre et la vie
Sous quelque Richelieu nouveau,
Pourrois-je au char de l'immortelle
M'enchaîner encor plus longtemps ?
Quand j'aurois passé mon printemps,
Pourrois-je vivre encore pour elle ?
Car enfin au lyrique effort
Fait pour nos bouillantes années,
Dans de plus solides journées,
Voudrois-je me livrer encor ?
Persuadé que l'harmonie
Ne verse ses heureux présents
Que sur le matin de la vie,
Et que, sans un peu de folie,
On ne rime plus à trente ans,
Suivrois-je un jour à pas pesants
Ces vieilles Muses douairières,
Ces mères septuagénaires
Du madrigal et des sonnets,
Qui, n'ayant été que poètes,
Rimaillent encore en lunettes,
Et meurent au bruit des sifflets ?
Égaré dans le noir dédale
Où le fantôme de Thémis,
Couché sur la pourpre et les lis,
Penche la balance inégale,
Et tire d'une urne vénale
Des arrêts dictés par Cypris

Irois-je, orateur mercenaire,
Du faux et de la vérité,
Chargé d'une haine étrangère,
Vendre aux querelles du vulgaire
Ma voix et ma tranquillité,
Et, dans l'antre de la Chicane,
Aux lois d'un tribunal profane
Pliant la loi de l'Immortel,
Par une éloquence anglicane
Saper et le trône et l'autel?
Aux sentiments de la nature,
Aux plaisirs de la vérité,
Préférant le goût frelaté
Des plaisirs que fait l'imposture
Ou qu'invente la vanité,
Voudrois-je partager ma vie
Entre les jeux de la folie
Et l'ennui de l'oisiveté,
Et trouver la mélancolie
Dans le sein de la volupté?
Non, non; avant que je m'enchaîne
Dans aucun de ces vils partis,
Vos rivages verront la Seine
Revenir aux lieux d'où j'écris.

Des mortels j'ai vu les chimères;
Sur leurs fortunes mensongères
J'ai vu régner la folle erreur;
J'ai vu mille peines cruelles
Sous un vain masque de bonheur,
Mille petitesses réelles

Sous une écorce de grandeur,
Mille lâchetés infidèles
Sous un coloris de candeur;
Et j'ai dit au fond de mon cœur :
« Heureux qui dans la paix secrète
D'une libre et sûre retraite
Vit, ignoré content de peu,
Et qui ne se voit point sans cesse
Jouet de l'aveugle déesse
Ou dupe de l'aveugle dieu !

A la sombre misanthropie
Je ne dois point ces sentiments;
D'une fausse philosophie
Je hais les vains raisonnements;
Et jamais la bigoterie
Ne décida mes jugements :
Une indifférence suprême.
Voilà mon principe et ma loi :
Tout lieu, tout destin, tout système
Par là devient égal pour moi;
Où je vois naître la journée,
Là, content, j'en attends la fin,
Prêt à partir le lendemain,
Si l'ordre de la destinée
Vient m'ouvrir un nouveau chemin.

Sans opposer un goût rebelle
A ce domaine souverain,
Je me suis fait du sort humain
Une peinture trop fidèle.

Souvent dans les champêtres lieux
Ce portrait frappera vos yeux.
En promenant vos rêveries
Dans le silence des prairies,
Vous voyez un foible rameau
Qui, par les jeux du vague Éole,
Enlevé de quelque arbrisseau,
Quitte sa tige, tombe, et vole
Sur la surface d'un ruisseau;
Là, par une invincible pente,
Forcé d'errer et de changer,
Il flotte au gré de l'onde errante
Et d'un mouvement étranger,
Souvent il paroît, il surnage,
Souvent il est au fond des eaux;
Il rencontre sur son passage
Tous les jours des pays nouveaux,
Tantôt un fertile rivage
Bordé de coteaux fortunés,
Tantôt une rive sauvage,
Et des déserts abandonnés;
Parmi ces erreurs continues
Il fuit, il vogue jusqu'au jour
Qui l'ensevelit à son tour
Au sein de ces mers inconnues
Où tout s'abîme sans retour.

Mais qu'ai-je fait? Pardon, Aminte,
Si je viens de moraliser;
Dans une lettre sans contrainte
Je ne prétendois que causer.

Où sont, hélas! ces douces heures
Où, dans vos aimables demeures,
Partageant vos discours charmants,
Je partageois vos sentiments?
Dans ces solitudes riantes
Quand me verrai-je de retour?
Courez, volez, heures trop lentes
Qui retardez cet heureux jour!
Oui, dès que les désirs aimables,
Joints aux souvenirs délectables,
M'emportent vers ce doux séjour,
Paris n'a plus rien qui me pique.
Dans ce jardin si magnifique,
Embelli par la main des rois,
Je regrette ce bois rustique
Où l'écho répétoit nos voix.
Sur ces rives tumultueuses
Où les passions fastueuses
Font régner le luxe et le bruit
Jusque dans l'ombre de la nuit,
Je regrette ce tendre asile
Où, sous des feuillages secrets,
Le sommeil repose tranquille
Dans les bras de l'aimable paix.
A l'aspect de ces eaux captives
Qu'en mille formes fugitives
L'art sait enchaîner dans les airs,
Je regrette cette onde pure
Qui, libre dans les antres verts,
Suit la pente de la nature,
Et ne connoît point d'autres fers.

En admirant la mélodie
De ces voix, de ces sons parfaits,
Où le goût brillant d'Ausonie
Se mêle aux agréments français,
Je regrette les chansonnettes
Et le son des simples musettes
Dont retentissent les coteaux
Quand vos bergères fortunées,
Sur les soirs des belles journées,
Ramènent gaiement leurs troupeaux.
Dans ces palais où la Mollesse
Peinte par les mains de l'Amour,
Sur une toile enchanteresse,
Offre les fastes de sa cour,
Je regrette ces jeunes hêtres
Où ma Muse plus d'une fois,
Grava les louanges champêtres
Des divinités de vos bois.
Parmi la foule trop habile
Des beaux diseurs du nouveau style,
Qui, par de bizarres détours,
Quittant le ton de la nature,
Répandent sur tous leurs discours
L'académique enluminure
Et le vernis des nouveaux tours,
Je regrette la bonhomie,
L'air loyal, l'esprit non pointu,
Et le patois tout ingénu
Du curé de la seigneurie,
Qui, n'usant point sa belle vie
Sur des écrits laborieux,

Parle comme nos bons aïeux,
Et donneroit, je le parie,
L'histoire, les héros, les dieux,
Et toute la mythologie
Pour un quartaut de Condrieux.

Ainsi de mes plaisirs d'automne
Je me remets l'enchantement :
Et de la tardive Pomone
Rappelant le règne charmant,
Je me redis incessamment :
Dans ces solitudes riantes
Quand me verrai-je de retour ?
Courez, volez, heures trop lentes
Qui retardez cet heureux jour !
Claire fontaine, aimable Isore,
Rive où les Grâces font éclore
Des fleurs et des jeux éternels,
Près de ta source, avant l'aurore,
Quand reviendrai-je boire encore
L'oubli des soins et des mortels ?
Dans cette gracieuse attente,
Aminte, l'amitié constante
Entretenant mon souvenir,
Elle endort ma peine présente
Dans les songes de l'avenir.
Lorsque le dieu de la lumière,
Échappé des feux du Lion,
Du dieu que couronne le lierre
Ouvrira l'aimable saison,
J'en jure le pèlerinage :

Envolé de mon ermitage,
Je vous apparoîtrai soudain
Dans ce parc d'éternel ombrage
Où souvent vous rêvez en sage,
Les lettres d'Usbeck[1] à la main ;
Ou bien dans ce vallon fertile
Où, cherchant un secret asile,
En trouvant des périls nouveaux,
La perdrix, en vain fugitive,
Rappelle sa troupe craintive
Que nous chassons sur les coteaux.
Vous me verrez toujours le même,
Mortel sans soin, ami sans fard,
Pensant par goût, rimant sans art,
Et vivant dans un calme extrême
Au gré du temps et du hasard :
Là, dans de charmantes parties,
D'humeurs liantes assorties,
Portant des esprits dégagés
De soucis et de préjugés,
Et retranchant de notre vie
Les façons, la cérémonie,
Et tout populaire fardeau ;
Loin de l'humaine comédie,
Et comme en un monde nouveau ;
Dans une charmante pratique
Nous réaliserons enfin
Cette petite république
Si longtemps projetée en vain.

1. Les *Lettres persanes* de Montesquieu.

Une divinité commode,
L'Amitié, sans bruit, sans éclat,
Fondera ce nouvel État;
La Franchise en sera le code,
Les Jeux en seront le sénat :
Et sur un tribunal de roses,
Siège de notre consulat,
L'Enjouement jugera les causes.
On exclura de ce climat
Tout ce qui porte l'air d'étude :
La Raison, quittant son ton rude,
Prendra le ton du sentiment;
La Vertu n'y sera point prude,
L'Esprit n'y sera point pédant ;
Le Savoir n'y sera mettable
Que sous les traits de l'agrément ;
Pourvu que l'on sache être aimable,
On y saura suffisamment.
On y proscrira l'étalage
Des phrasiers, des rhéteurs bouffis :
Rien n'y prendra le nom d'ouvrage ;
Mais, sous le nom de badinage,
Il sera quelquefois permis
De rimer quelques chansonnettes,
Et d'embellir quelques sornettes
Du poétique coloris.
En répandant avec finesse
Une nuance de sagesse
Jusque sur Bacchus et les Ris.
Par un arrêt en vaudevilles
On bannira les faux plaisants,

Les cagots fades et rampants,
Les complimenteurs imbéciles
Et le peuple de froids savants.
Enfin cet heureux coin du monde
N'aura pour but, dans ses statuts,
Que de nous soustraire aux abus
Dont ce bon univers abonde.
Toujours sur ces lieux enchanteurs
Le soleil, levé sans nuages,
Fournira son cours sans orages
Et se couchera dans les fleurs.

Pour prévenir la décadence
Du nouvel établissement,
Nul indiscret, nul inconstant
N'entrera dans la confidence.
Ce canton veut être inconnu ;
Ses charmes, sa béatitude,
Pour base ayant la solitude,
S'il devient peuple, il est perdu.
Les États de la république
Chaque automne s'assembleront ;
Et là notre regret unique,
Nos uniques peines seront
De ne pouvoir toute l'année
Suivre cette loi fortunée
De philosophiques loisirs,
Jusqu'à ce moment où la Parque
Emporte dans la même barque
Nos jeux, nos cœurs et nos plaisirs.

# LES OMBRES

A M. D. D. N.

Des régions de Sylphirie,
De ce séjour aérien
Dont ma douce philosophie
Sait bannir la mélancolie
En rimant quelque aimable rien,
Salut, santé toujours fleurie,
Solitude et libre entretien,
A la république chérie
Dont une tendre rêverie
M'a déjà rendu citoyen.

Dans votre épître ingénieuse
Vous prétendez que le pinceau
Qui vous a tracé la Chartreuse
N'en a pas fini le tableau ;
Et vous m'engagez à décrire,
D'un crayon léger et badin,
La carte du classique empire,

Et les mœurs du peuple latin.
A la gaieté de nos maximes
Pour ajuster ce grave objet,
Et ne point porter dans mes rimes
La sécheresse du sujet,
Écartons la Muse empesée
Qui, se guindant sur de grands mots,
Préside à la prose toisée
Des poètes collégiaux.
Je vous ai dépeint l'Élysée
Dans le plaisir pur et parfait
De mon ermitage secret ;
Par un contraste assez bizarre,
Dans ce nouvel amusement,
Je vais vous chanter le Ténare,
Non sur un ton triste et pesant,
Ennemi des Muses plaintives ;
Jusque sur les fatales rives
Je veux rimer en badinant.

Un peuple de jeunes esclaves
Dans un silence rigoureux,
Des pleurs, des prisons, des entraves,
Un séjour vaste et ténébreux,
Des cœurs dévoués à la plainte,
Des jours filés par les ennuis,
N'est-ce point la fidèle empreinte
Du triste royaume des nuits ?
N'en doutez point : ce que la fable
Nous a chanté des sombres bords,
Cette peinture redoutable

Du profond empire des morts,
C'étoit l'image prophétique
Des manoirs que j'offre à vos yeux,
Et l'histoire trop véridique
De leurs habitants malheureux.
Avec l'Erèbe et son cortège
Confrontez ces antres divers.
Et, dans le portrait d'un collège,
Vous reconnoîtrez les enfers.
Tel étoit le vrai parallèle
Que dans cette dernière nuit
Un songe offroit à mon esprit :
Aminte, je me le rappelle,
Dans ce délire réfléchi,
Je croyois vous conduire ici,
Et, si ma mémoire est fidèle,
Je vous entretenois ainsi :
Venez, de la docte poussière
Osez franchir les tourbillons ;
Perçons l'infernale carrière
Des scolastiques régions :
Là, comme aux sources du Cocyte,
On ne connoît plus les beaux jours ;
Sur cette demeure proscrite
La nuit semble régner toujours ;
Là, de la charmante nature
On ne trouve plus les beautés ;
Les eaux, les fleurs, ni la verdure
N'ornent point ces lieux détestés ;
Les seuls oiseaux d'affreux augure
Y forment des sons redoutés.

Dès l'abord de ce gouffre horrible,
Tout nous retrace l'Achéron.
Voyez ce portier inflexible
Qui, payé pour être terrible,
Et muni d'un cœur de Huron,
Réunit dans son caractère
La triple rigueur de Cerbère
Et l'âme avare de Caron :
Ainsi que ces ombres légères
Qui pour leurs demeures premières
Formoient des regrets et des vœux,
Les jeunes captifs de ces lieux
Voltigent auprès des barrières
Sans pouvoir échapper aux yeux
De ce satellite odieux.

Entrons sous ces voûtes antiques,
Et sous les lugubres portiques
De ces tribunaux renommés ;
Au lieu de ces voiles funèbres
Qui de l'empire des ténèbres
Tapissoient les murs enfumés,
D'une longue suite de thèses
Contemplez les vils monuments,
Archives de doctes fadaises,
Supplice éternel du bon sens.
A la place des Tisiphones,
Des Sphynx, des Larves, des Gorgones,
Qui du Styx étoient les bourreaux,
J'aperçois des tyrans nouveaux,
L'hyperbole aux longues échasses,

La catachrèse aux doubles faces,
Les logogriphes effrayants,
L'impitoyable syllogisme,
Que suit le ténébreux sophisme,
Avec les ennuis dévorants.
Quelle inexorable Mégère
Ici rassemble, avant le temps,
Ces mânes jeunes et tremblants,
Et ravis au sein de leur mère?
Sur leurs déplorables destins,
Dans des lieux voués au silence,
Voyez de pâles souverains
Exercer leur triste puissance :
Un sceptre noir arme leurs mains.
Ainsi Rhadamante aux traits sombres,
Balançant l'urne de la mort,
Sur le peuple muet des ombres
Prononçoit les arrêts du Sort.
Mais quelles alarmes soudaines !
D'où partent ces longues clameurs?
Pourquoi ces prisons et ces chaînes?
Sur qui tombent ces fouets vengeurs
Tel étoit l'appareil barbare
Des tortures du Phlégéton;
Tels étoient les cris du Tartare
Sous la fourche du vieux Pluton
Près de ces cavernes fatales,
Quels sont ces brûlants soupiraux?
Que vois-je? quels nouveaux Tantales
Maudissent ces perfides eaux?
De ce parallèle grotesque,

Moitié vrai, moitié romanesque,
Aminte, pour vous égayer
J'aurois rempli le cadre entier,
Si, dans cet endroit de mon songe,
Un cruel, osant m'éveiller,
N'eût dissipé ce doux mensonge,
Et le prestige officieux
Qui vous présentoit à mes yeux.
Ce hideux bourreau, moins un homme
Qu'un patibulaire fantôme,
Tel qu'on les peint en noirs lambeaux,
Et, dans l'horreur du crépuscule,
Tenant leur conciliabule
Parmi la cendre des tombeaux :
Ce spectre, dis-je, au front sinistre,
Du tumulte bruyant ministre,
Affublé de l'accoutrement
D'un précurseur d'enterrement,
Bien avant l'aube matinale,
Chaque jour troublant mon réduit,
Armé d'une lampe infernale,
M'offre un jour plus noir que la nuit
Et, d'une bouche sépulcrale,
M'annonce que l'heure fatale
Ramène le démon du bruit.
Par cet arrêt impitoyable,
Arraché du sein délectable
Et des songes et du repos,
L'œil encor chargé de pavots,
Aux cieux je cherche en vain l'aurore;
Un voile épais couvre les airs,

Et Phœbus n'est point prêt encore
A quitter les nymphes des mers.

Astre qui réglas ma naissance,
Pourquoi ta suprême puissance,
En formant mes goûts et mon cœur,
Y versa-t-elle tant d'horreur
Pour la monacale indolence?
Plus respecté dans mon sommeil,
Exempt des craintes du réveil,
J'eusse, les deux tiers de ma vie,
Dormi sans trouble, sans envie
Dans un dortoir de Victorin,
Ou sur la couche rebondie
D'un procureur génovéfain.
Il est vrai qu'un peu d'ignorance
Eût suivi ce destin flatteur.
Qu'importe? Le nom de docteur
N'eût jamais tenté ma prudence;
Jamais d'un sommeil enchanteur
Il n'eût violé la constance.
Une éternité de science
Vaut-elle une nuit de bonheur?

Par votre missive charmante
Vous me chargez de vous donner
Quelque nouvelle intéressante
Ou quelque anecdote amusante :
Mais que puis-je vous griffonner?
Les politiques rêveries
Des vieux chapiers des Tuileries

Intéressant fort peu mes soins,
Vous amuseroient encor moins,
Et d'ailleurs, selon le génie
De notre aimable colonie,
Je ne dois point perdre d'instants,
Ni prendre une peine futile
A disserter en grave style
Sur les bagatelles du temps :
Qu'on fasse la paix ou la guerre,
Que tout soit changé sur la terre,
Nos citoyens l'ignoreront ;
Exempts de soucis inutiles,
Dans cet univers ils vivront
Comme des passagers tranquilles
Qui, dans la chambre d'un vaisseau,
Oubliant la terre, l'orage,
Et le reste de l'équipage,
Tâchent d'égayer le voyage
Dans un plaisir toujours nouveau :
Sans savoir comme va la flotte
Qui vogue avec eux sur les eaux,
Ils laissent la crainte au pilote
Et la manœuvre aux matelots.

A tout le petit consistoire,
Où ne sont échos imprudents,
Rendez cette lettre notoire,
Aimable Aminte, j'y consens ;
Mais sauvez-la des jugements
De cette prude à l'humeur noire,
Au froid caquet, aux yeux bigots,

Et de médisante mémoire,
Qui, colportant ces vers nouveaux,
Sur-le-champ iroit sans repos,
Dressant la crête et battant l'aile,
Glapir quelque alarme nouvelle
Dans tous les poulaillers dévots,
Ou qui, pour parler sans emblême,
Dans quelque parloir médisant,
Iroit afficher l'anathème
Contre un badinage innocent,
Et le noircir avec scandale
De ce fiel mystique et couvert
Que vient de verser la cabale
Sur l'histoire de dom Ver-Vert,
Faite en cette critique année
Où le perroquet révérend
Alla jaser publiquement,
Entraîné par sa destinée,
Et ravi, je ne sais comment,
Au secret de son maître absent.
Selon la gazette neustrique,
Cet amusement poétique,
Surpris, intercepté, transcrit
Sur je ne sais quel manuscrit
Par un prestolet famélique,
Se vend, à l'insu de l'auteur,
Et déjà vaut une soutane
Et deux castors à l'éditeur.

Si ma main n'étoit pas trop lasse,
Ce seroit bien ici la place

D'ajouter un tome nouveau
Aux mémoires du saint oiseau ;
De narrer comme quoi la pièce
Portée, au sortir de la presse,
Au parlement visitandin,
Causa dans leurs saintes brigades
Une ligue, des barricades,
Et sonna partout le tocsin ;
Comme quoi les mères notables,
L'état-major, les vénérables,
Vouloient, dans leur premier accès,
Sans autre forme de procès,
Brûler ces vers abominables,
Comme erronés, comme exécrables,
Jansénistes, impardonnables,
Et notoirement imposteurs ;
Mais comme quoi des jeunes sœurs
La jurisprudence plus tendre
A jusqu'ici paré les coups,
Ravi Ver-Vert à ce courroux,
Et sauvé l'honneur de sa cendre.
Suivant le lardon médisant,
Les jeunes sœurs, d'un œil content,
Ont vu draper les graves mères,
Les révérendes douairières,
Et la grand'chambre du couvent.
Une nonne sempiternelle
Prétend prouver à tout fidèle
Que jamais Ver-Vert n'exista,
Vu, dit-elle, qu'on ne pourra
Trouver la lettre circulaire

Du perroquet missionnaire
Parmi celles de ce temps-là.
Je crois que la remarque habile
De la cloîtrière sibylle
(N'en déplaise à sa charité)
Sera de peu d'utilité;
Car dès que Ver-Vert est cité
Dans les archives du Parnasse,
Quel incrédule auroit l'audace
D'en soupçonner la vérité?
Toutefois ce procès mystique
Au carnaval se jugera;
Dans un chapitre œcuménique
L'oiseau défendeur paroîtra.
La vieille mère Bibiane
Contre lui doit plaider longtemps,
Et, dans le fort des arguments
Que hurlera son rauque organe,
Perdra ses deux dernières dents;
Mais la jeune sœur Pulchérie,
Qui pour Ver-Vert pérorera
(Si dans ce jour, comme on publie,
Les directeurs opinent là)
Très sûrement l'emportera
Sur l'octogénaire harpie.
A plaider contre le printemps,
L'hiver doit perdre avec dépens.

Adieu, voilà trop de folies.
Trop paresseux pour abréger,
Trop occupé pour corriger,

Je vous livre mes rêveries,
Que quelques vérités hardies
Viennent librement mélanger.
J'abandonne l'exactitude
Aux gens qui riment par métier;
D'autres font des vers par étude,
J'en fais pour me désennuyer;
Ainsi vous ne devez me lire
Qu'avec les yeux de l'amitié.
J'aurois encor beaucoup à dire :
L'esprit n'est jamais las d'écrire
Lorsque le cœur est de moitié.

# ENVOI

## DE L'ÉPITRE SUIVANTE

A MADAME DE ***

Sur le sage emploi de la vie
Une aimable philosophie
A trop éclairé votre cœur
Pour qu'il puisse me faire un crime
De n'accorder point à la rime
Des jours que je dois au bonheur.
Je ne m'en défends point, Thémire,
La paresse est ma déité;
Aux sons négligés de ma lyre,
Vous sentirez qu'elle m'inspire,
Et que, d'un chant trop concerté
Fuyant l'ennuyeuse beauté,
Loin de faire un travail d'écrire,
Je m'en fais une volupté;
Moins délicatement flatté
De l'honneur de me faire lire,
Que de l'agrément de m'instruire

Dans une oisive liberté.
On ne doit écrire qu'en maître ;
Il en coûte trop au bonheur ;
Le titre trop chéri d'auteur
Ne vaut pas la peine de l'être ;
Aussi n'est-ce point sous ce nom,
Si peu fait pour mon caractère,
Que je rentre au sacré vallon,
Moi qui ne suis qu'en volontaire
Les drapeaux brillants d'Apollon.
La Muse qui dicta les rimes
Que je vais offrir à vos yeux
N'est point de ces Muses sublimes
Qui pour amants veulent des dieux ;
Elle n'a point les grâces fières
Dont brillent ces nymphes altières
Qui divinisent les guerriers ;
La négligence suit ses traces,
Ses tendres erreurs font ses grâces,
Et les roses sont ses lauriers.

Ici sur le ton des préfaces
Et des pesantes dédicaces,
Thémire, je ne prétends pas
Vous implorer pour mes ouvrages.
Par vous le goût et les appas
Me gagneroient mille suffrages ;
Mais en faut-il tant à mes vers ?
Mes amis me sont l'univers.

## A MA MUSE

VOLAGE Muse, aimable enchanteresse,
Qui, m'égarant dans de douces erreurs,
Viens tour à tour parsemer ma jeunesse
De jeux, d'ennuis, d'épines et de fleurs,
Si, dans ce jour de loisible mollesse,
Tu peux quitter les paisibles douceurs,
Vole en ces lieux; la voix de la sagesse
M'appelle ici loin du brillant Permesse,
Loin du vulgaire et des folles rumeurs.
Parois sans crainte aux yeux d'une déesse
Qui règle seule et ma lyre et mes mœurs ;
Car ce n'est point cette pédante altière
Dont la vertu n'est qu'une morgue fière,
Un faux honneur guindé sur de vieux mots,
L'horreur du sage et l'idole des sots ;
C'est cette nymphe au tendre caractère,
Née au Portique et formée à Cythère,
Qui, dédaignant l'orgueil des vains discours,

Brille sans fard et rassemble près d'elle
La Vérité, la Franchise fidèle,
Et la Vertu dans le char des Amours.

C'est à ses yeux, au poids de la balance,
Muse, qu'ici, dans le sein du silence,
De l'art des vers estimant la valeur,
Je veux sur lui te dévoiler mon cœur.
Mais en ce jour quelle pompe s'apprête?
Le front paré des myrtes de Vénus,
Où voles-tu? quelle brillante fête
Peut t'inspirer ces transports inconnus?
Sur mes destins tu t'applaudis sans doute,
Mais instruis-moi. Pourquoi triomphes-tu?
Comptes-tu donc qu'à moi-même rendu,
Au Pinde seul je vais tourner ma route,
Ou qu'affranchi des liens rigoureux
Qui captivoient ton enjoûment folâtre,
Je vais enfin, de toi seule idolâtre,
Donner l'essor aux fougues de tes jeux?
Si ce projet fait l'espoir qui t'enchante,
C'est t'endormir dans une vaine attente;
Sous d'autres lois mon sort se voit rangé,
Avec mon sort mon cœur n'a point changé.
Je veux pourtant que la métamorphose
Ait transformé ma raison et mes sens;
Et pour un temps avec toi je suppose
Que, consacrant ma voix à tes accents,
J'aille t'offrir un éternel encens;
Adorateur d'un fantôme frivole,
A tes autels que pourrois-je obtenir?

Que ferois-tu, capricieuse idole?
Par le passé décidons l'avenir.
Comme tes sœurs, tu paîrois mes hommages
Du doux espoir des dons les plus chéris.
Tes sœurs, que dis-je? hélas! quels avantages
En ont reçus leurs plus chers favoris?
Vaines beautés, sirènes homicides,
Dans tous les temps, par leurs accords perfides,
N'ont-elles point égaré les vaisseaux
De leurs amants endormis sur les eaux?
Ouvre à mes yeux les fastes de mémoire,
Ces monuments de disgrâce et de gloire;
Je lis les noms des pôetes fameux;
Où sont les noms des poètes heureux?
Enfants des dieux, pourquoi leur destinée
Est-elle en proie aux tyrans infernaux?
Pour eux la Parque est-elle condamnée
A ne filer que sur de noirs fuseaux?
Quoi! je les vois, victimes du génie
Au foible prix d'un éclat passager,
Vivre isolés sans jouir de la vie,
Fuir l'univers et mourir sans patrie,
Non moins errants que ce peuple léger,
Semé partout et partout étranger!

De ces malheurs les cygnes de la Seine
N'ont-ils point eu des gages trop certains?
Et, pour trouver ces lugubres destins,
Faut-il errer dans les tombeaux d'Athènes,
Ou réveiller la cendre des Latins?
Faut-il d'Orphée ou d'Ovide, ou du Tasse,

Interroger les mânes radieux,
Et reprocher leur bizarre disgrâce
Au fier caprice et des rois et des dieux ?
Non, n'ouvrons point d'étrangères archives ;
Notre Hélicon, trop longtemps désolé,
Ne voit-il pas ses Grâces fugitives ?
Oui, chaque jour la Muse de nos rives,
Pleurant encor son Horace exilé,
Demande aux dieux que ce phénix lyrique,
Dont la jeunesse illustra ces climats,
Revienne enfin de la rive belgique
Se reproduire et renaître en ses bras.

Voilà pourtant, Muse, voilà l'histoire
Des dons fameux qu'ont procurés tes sœurs,
Vingt ans d'ennui pour quelques jours de gloire :
Et j'envîrois tes trompeuses faveurs !
J'en conviendrai : de ces dieux du Permesse
N'atteignant point les talents enchanteurs,
Et défendu par ma propre foiblesse,
Je n'aurois pas à craindre leurs malheurs.
Eh ! que sait-on ? un simple badinage,
Mal entendu d'une prude ou d'un sot,
Peut vous jeter sur un autre rivage :
Pour perdre un sage, il ne faut qu'un bigot.
Cependant, Muse, à quelle folle ivresse
Veux-tu livrer mon tranquille enjoûment ?
Toujours fidèle à l'aimable paresse,
Et ne voulant qu'un travail d'agrément,
Jusqu'à ce jour tu chérissois la rime
Moins par fureur que par amusement ;

Quel feu subit te transporte, t'anime,
Et d'un plaisir va te faire un tourment?
Hélas! je vois par quel charme séduite
Tu veux franchir la carrière des airs;
De mille objets la nouveauté t'invite;
Et leur image, autrefois interdite
A ton pinceau dans les jours de tes fers,
Vient aujourd'hui te demander des vers.
Rendue enfin à la scène du monde,
Tu crois sortir d'une éclipse profonde,
Et voir éclore un nouvel univers.
Autour de toi mille sources nouvelles
A chaque instant jaillissent jusqu'aux cieux;
Pour t'enlever sur leurs brillantes ailes
Tous les plaisirs voltigent à tes yeux;
Pour t'égarer, le dieu du docte empire
T'ouvre des bois nouveaux à tes regards,
Et fait pour toi briller de toutes parts
Le brodequin, le cothurne, la lyre,
Le luth d'Euterpe et le clairon de Mars;
Un autre dieu plus charmant et plus tendre,
Jusqu'à ce jour absent de tes chansons,
Sous mille attraits caché pour te surprendre,
Prétend mêler des soupirs à tes sons.
De tant d'objets la pompe réunie
A chaque instant redouble ta manie;
Et tu voudrois, dans tes nouveaux transports,
Sur vingt sujets essayer tes accords.
Tel dans nos champs, au lever de l'aurore,
Prenant son vol pour la première fois,
Charmé, surpris, entre Pomone et Flore

Le jeune oiseau ne peut fixer son choix ;
De la fougère à l'épine fleurie
Il va porter ses désirs inconstants :
Il vole au bois, il est dans la prairie,
Il est partout dans les mêmes instants.

C'en est donc fait, Muse, dans la carrière
Tu prétends voir ton char bientôt lancé ;
Du moins, avant qu'on t'ouvre la barrière,
Pour prévenir un écart insensé,
Va consulter la sage Deshoulière,
Et vois les traits dont sa Muse en courroux
De l'art des vers nous a peint les dégoûts.
Quand tu serois à l'abri des disgrâces
Que le génie entraîne sur ses traces,
Craindrois-tu moins le bizarre fracas
Qui d'Apollon accompagne les pas,
Du nom d'auteur l'ennuyeux étalage,
D'auteur montré le fade personnage ?
Que sais-je enfin ? tous les soins, tout l'ennui
Qu'un vain talent nous apporte avec lui ?

Dès qu'un mortel, auteur involontaire,
Est arraché de l'ombre du mystère,
Où, s'amusant et charmant sa langueur,
Dans quelques vers il dépeignoit son cœur,
Du goût public honorable victime,
Bientôt, au prix de sa tranquillité,
Il va payer une inutile estime,
Et regretter sa douce obscurité ;
Privé du droit d'écrire en solitaire,

Et d'épancher son cœur, son caractère,
Toute son âme aux yeux de l'amitié,
L'amitié même, indiscrète et légère,
Le trahira sans croire lui déplaire;
Et son secret follement publié,
S'il est en vers, sera sacrifié.
Ainsi les fruits d'un léger badinage,
Nés sans prétendre au grave nom d'ouvrage,
Nés pour mourir dans un cercle d'amis,
Au fier censeur seront pourtant soumis.

Si par hasard il trouve, comme Horace,
Quelque Mécène ou quelque tendre Grâce,
Tels que l'on voit, aux rives où j'écris,
Daphnis, Thémire et la jeune Eucharis,
Qui cherchent moins dans la philosophie
L'esprit d'auteur que l'esprit de la vie;
Qu'un sage aisé, qui, naturel, égal,
Sache éviter le style théâtral,
Les airs guindés du peuple parasite,
Des froids pédants, des fades rimailleurs,
Et dont les vers soient le dernier mérite :
Que de dégoûts l'investiront ailleurs !
Dans tous les lieux où l'errante Fortune
L'entraînera sous ses pénibles fers,
Il essuiera la contrainte importune
De l'entretien de mille sots divers,
Qui, prévenus de cette erreur commune,
Que, quand on rime, on ne sait que des vers,
A son abord prendront cet idiome,
Ce précieux trop en vogue aujourd'hui,

Et, de l'auteur ne distinguant point l'homme,
En l'ennuyant s'ennuieront avec lui.

Tels sont les maux où cet essor t'engage.
Mais l'amour-propre, opposant son bandeau,
De l'avenir te dérobe l'image,
Ou sait du moins ne le peindre qu'en beau ;
Trompeur chéri, t'abusant pour te plaire,
Il te redit, dans tes nouveaux accès,
Qu'on a daigné sourire à tes essais,
Et qu'un public distingué du vulgaire
T'appelle encore à de plus hauts succès.
Mais connais-tu ce public variable,
Vain dans ses dons, constant dans ses dégoûts ?
En deux printemps, de ce juge peu stable
On peut se voir et l'idole et la fable ;
Le nom de ceux qu'il voit d'un œil plus doux,
A peine écrit sur la mobile arène
Par les zéphyrs de l'heureuse Hippocrène,
Est effacé par Éole en courroux :
Et quand les fleurs dont le public vous pare
Conserveroient un éternel printemps,
Chez la Faveur, la déesse bizarre,
Est-il des dons et des plaisirs constants ?

Au sein des mers, dans une île enchantée,
Près du séjour de l'inconstant Protée,
Il est un temple élevé par l'Erreur,
Où la brillante et volage Faveur,
Semant au loin l'espoir et les mensonges,
D'un air distrait fait le sort des mortels.

Son foible trône est sur l'aile des Songes,
Les Vents légers soutiennent ses autels ;
Là, rarement la Raison, la Justice
Ont amené les mortels vertueux ;
L'Opinion, la Mode et le Caprice
Ouvrent le temple et nomment les heureux.
En leur offrant la coupe délectable,
Sous le nectar cachant un noir poison
La déité daigne paroître aimable,
Et d'un sourire enivre leur raison.
Au même instant l'agile Renommée
Grave leurs noms sur son char lumineux :
Jouets constants d'une vaine fumée,
Le monde entier se réveille pour eux.
Mais sur la foi de l'onde pacifique,
A peine ils sont mollement endormis,
Déifiés par l'erreur léthargique,
Qui leur fait voir dans des songes amis
Tout l'univers à leur gloire soumis ;
Dans ce sommeil d'une ivresse riante,
En un moment, la Faveur inconstante
Tournant ailleurs son essor incertain,
Dans des déserts, loin de l'île charmante,
Les aquilons les emportent soudain ;
Et leur réveil n'offre plus à leur vue
Que les rochers d'une plage inconnue,
Qu'un monde obscur, sans printemps, sans beaux jours,
Et que des cieux éclipsés pour toujours.

Muse, crois-moi, qu'un autre sacrifie
A la Faveur, à l'Estime, au Renom ;

Qu'un autre perde au temple d'Apollon
Ce peu d'instants qu'on appelle la vie ;
D'un vain honneur esclave fastueux,
Toujours auteur et jamais homme heureux ;
Moi, que le ciel fit naître moins sensible
A tout éclat qu'à tout bonheur paisible,
Je fuis du nom le dangereux lien ;
Et quelques vers échappés à ma veine,
Nés sans dessein et façonnés sans peine,
Pour l'avenir ne m'engagent à rien.
Plusieurs des fleurs que voit naître Pomone
Au sein fécond des vergers renaissants
Ne doivent point un tribut à l'automne ;
Tout leur destin est de plaire au printemps.

Ici pourtant de ma philosophie
Ne va point, Muse, outrer le sentiment ;
Ne pense pas que de la poésie
J'aille abjurer l'empire trop charmant ;
J'en fuis les soins, j'en crains la frénésie ;
Mais j'en adore à jamais l'agrément.
Ainsi, conduit ou par mes rêveries,
Ou par Bacchus, ou par d'autres appas,
Quand quelquefois je porterai mes pas
Où le Permesse étend ses eaux chéries,
Dans ces moments mes vœux ne seront pas
D'être enlevé dans un char de lumière
Sur ces sommets où la Muse guerrière
Qui chante aux dieux les fastes des combats,
La foudre en main enseigna ses mystères
Aux Camoëns, aux Miltons, aux Voltaires ;

Jaloux de voir un plus paisible lieu,
Loin du tonnerre et guidé par un dieu,
Dans les détours d'un amoureux bocage
J'irai chercher ce solitaire ombrage,
Ce beau vallon où la Fare et Chaulieu,
Dans les transports d'une volupté pure,
Sans préjugés, sans fastueux désirs,
Près de Vénus, sur un lit de verdure,
Venoient puiser au sein de la nature
Ces vers aisés, enfants de leurs plaisirs,
Et, sans effroi du ténébreux monarque,
Menant l'Amour jusqu'au sombre Achéron,
Au son du luth descendoient vers la barque
Par les sentiers du tendre Anacréon.

Là, si je puis reconnoître leurs traces,
Et retrouver ce naïf agrément,
Ce ton du cœur, ce négligé charmant
Qui les rendit les poètes des Grâces ;
Du myrte seul chérissant les douceurs,
Des vains lauriers que Phébus vous dispense,
Et qu'il vous ôte au gré de l'inconstance,
Je céderai les pénibles honneurs.

Trop insensé qui, séduit par la gloire,
Martyr constant d'un talent suborneur,
Se fait décrire un ennuyeux bonheur,
Et, s'immolant au soin de sa mémoire,
Perd le présent pour l'avenir trompeur !
Tout cet éclat d'une gloire suprême,
Et tout l'encens de la postérité,

Vaut-il l'instant où je vis pour moi-même
Dans mes plaisirs et dans ma liberté,
Trouvant sans cesse auprès de ce que j'aime
Des biens plus vrais que l'immortalité?
Non, n'allons point, dans de lugubres veilles,
De nos beaux jours éteindre les rayons
Pour enfanter de douteuses merveilles.
Tandis, hélas! que l'on tient les crayons,
Le printemps fuit, d'une main toujours prompte,
La Parque file, et dans la nuit du temps
Ensevelit une foule d'instants
Dont le Plaisir vient nous demander compte.
Qu'un dieu si cher remplisse tous nos jours;
Et badinons seulement sur sa lyre,
Quand la Beauté, dans un tendre délire,
Ordonnera des chansons aux Amours.

Mais quelque rang que le sort me réserve,
Soit que je suive ou Thalie ou Minerve,
Écoute, Muse, et connois à quel prix
Je souffrirai que quelquefois ta verve
Vienne allier la rime à mes écrits.

Pour te guider vers la double colline
De ces sentiers, prévois-tu les hasards?
L'illusion, fascinant tes regards,
Peut t'égarer sur la route voisine,
Et t'entraîner dans de honteux écarts;
Connois ces lieux. Dans de plus heureux âges,
Vers le Parnasse on marchoit sans dangers?
Nul monstre affreux n'infestoit les passages;

C'étoit l'Olympe et le temple des sages ;
Là, sur la lyre ou les pipeaux légers,
De Philomèle égalant les ramages,
Ils allioient par de doux assemblages
L'esprit des dieux et les mœurs des bergers ;
Connoissant peu la basse jalousie,
De la licence ennemis généreux,
Ils ne mêloient aucun fiel dangereux,
Aucun poison, à la pure ambroisie ;
Et les zéphyrs de ces brillants coteaux,
Accoutumés au doux son des guitares,
Par des accords infâmes ou barbares
N'avoient jamais réveillé les échos ;
Quand, évoqués par le crime et l'envie,
Du fond du Styx deux spectres abhorrés,
L'Obscénité, la noire Calomnie,
Osant entrer dans ces lieux révérés,
Vinrent tenter des accents ignorés,
Au même instant les lauriers se flétrirent,
Et les Amours et les Nymphes s'enfuirent.
Bientôt Phébus, outré de ces revers,
Au bas du mont de la docte Aonie
Précipitant ces filles des enfers,
Les replongea dans leur ignominie,
Et pour toujours instruisit l'univers
Que la Vertu, reine de l'harmonie,
A la Décence, aux Grâces réunie,
Seule a le droit d'enfanter de beaux vers.

Pour rétablir leur attente trompée,
Non loin de là, leur adroite fureur,

Sur les débris d'une roche escarpée,
Édifia dans l'ombre et dans l'horreur,
Du vrai Parnasse un fantôme imposteur !
Là, pour grossir leurs profanes cabales,
Des chastes sœurs ces impures rivales,
L'encens en main, reçurent les rimeurs
Proscrits, exclus du temple des auteurs.
Ainsi, jaloux des abeilles fécondes,
Et du nectar que leurs soins ont formé,
Le vil frelon sur des plantes immondes
Verse sans force un suc envenimé.
C'est là qu'encor cent obscurs satiriques,
Cent artisans de fadaises lubriques,
Par la débauche et la haine conduits
Dans le secret des plus sombres réduits
Vont, sans témoins, forger ces folles rimes,
Ces vers grossiers, ces monstres anonymes,
Tout ce fatras de libelles pervers
Dont le Batave infeste l'univers.
O du génie usage trop funeste !
Pourquoi faut-il que ce don précieux,
Que l'art charmant, le langage céleste,
Fait pour chanter, sur des tons gracieux,
Les conquérants, les belles et les dieux,
Chez une foule au Parnasse étrangère,
Soit si souvent le jargon de Mégère,
L'organe impur des plus lâches noirceurs,
L'âme du crime et la honte des mœurs !
Pourquoi faut-il que les pleurs de l'Aurore,
Qui ne devroient enfanter que des fleurs,
Au même instant fassent souvent éclore

### Épîtres.

Les sucs mortels et les poisons vengeurs !

Muse, je sais que tu fuiras sans peine
Les chants honteux de la licence obscène ;
Faite à chanter sans rougir de tes sons,
Tu n'iras point chez cette infâme reine
Prostituer tes naïves chansons :
Mais, de tout temps un peu trop prompte à rire,
Ton goût peut-être, en quelques noirs accès,
T'attacheroit au char de la satire.
Ah ! loin de toi ces cyniques excès !
Quelles douceurs en suivent les succès,
Si, quand l'ouvrage a le sceau de l'estime,
L'auteur flétri, fugitif, détesté,
Devient l'horreur de la société ?

Je veux, qu'épris d'un nom plus légitime,
Que, non content de se voir estimé,
Par son génie un amant de la rime
Emporte encor le plaisir d'être aimé :
Qu'aux régions à lui-même inconnues
Où voleront ses gracieux écrits,
A ce tableau de ses mœurs ingénues,
Tous ses lecteurs deviennent ses amis ;
Que, dissipant le préjugé vulgaire,
Il montre enfin que sans crime on peut plaire,
Et réunir par un heureux lien
L'auteur charmant et le vrai citoyen.
En vain, guidé par un fougueux délire,
Le Juvénal du siècle de Louis
Fit un talent du crime de médire,

Mes yeux jamais n'en furent éblouis ;
Ce n'est point là que ma raison l'admire :
Et Despréaux, ce chantre harmonieux,
Sur les autels du poétique empire
Ne seroit point au nombre de mes dieux,
Si, de l'opprobre organe impitoyable,
Toujours couvert d'une gloire coupable,
Il n'eût chanté que les malheureux noms
Des Colletets, des Cotins, des Pradons :
Mânes plaintifs qui sur le noir rivage
Vont regrettant que ce censeur sauvage,
Les enchaînant dans d'immortels accords,
Les ait privés du commun avantage
D'être cachés dans la foule des morts.

Un autre écueil, Muse, te reste encore :
En évitant cet antre ténébreux
Où, nourrissant le feu qui la dévore,
L'âpre Satire épand son fiel affreux,
Crains d'aborder à cette plage aride
Où la Louange au ton foible et timide,
Aux yeux baissés, aux doucereux souris,
Vient chaque jour, sous le titre insipide
D'odes aux grands, de bouquets aux Iris,
A l'univers préparer des ennuis.
Le dieu du goût, au vrai toujours fidèle,
N'exclut pas moins de sa cour immortelle
Le complaisant, le vil adulateur,
Que l'envieux et le noir imposteur.

Pars, c'en est fait ; que ce fil secourable,

## Épîtres.

Te conduisant au lyrique séjour,
Sauve tes pas du dédale effroyable
Où mille auteurs s'égarent sans retour.
Dans ces vallons, si la troupe invisible
Des froids censeurs, des Zoïles secrets,
 Lance sur toi ses inutiles traits,
D'un cours égal poursuis ton vol paisible :
Par les fredons d'un rimeur désolé
Que ton repos ne puisse être troublé :
Et sans jamais t'avilir à répondre,
Laisse au mépris le soin de les confondre :
Rendre à leurs cris des sons injurieux,
C'est se flétrir et ramper avec eux.

A cette loi pour demeurer fidèle,
 Devant tes yeux conserve ce modèle ;
Il est un sage, un favori des cieux,
 Dont, à l'envi, tous les arts, tous les dieux,
Ont couronné la brillante jeunesse,
 Et qui, vainqueur du fuseau rigoureux,
Possède encor dans sa mâle vieillesse
L'art d'être aimable et le don d'être heureux.
 Longtemps la Haine et la farouche Envie,
En s'obstinant à poursuivre ses pas,
Crurent troubler le calme de sa vie,
Et l'attirer dans de honteux combats ;
Mais, conservant sa douce indifférence,
Et retranché dans un noble silence,
De ses rivaux il trompa les projets ;
Pouvant les vaincre, il leur laissa la paix.
D'affreux corbeaux lorsqu'un épais nuage

Trouble, en passant, le repos d'un bocage,
Laissa les airs à leurs sons glapissants,
Le rossignol interrompt ses accents ;
Et, pour reprendre une chanson légère,
Seul, il attend que le gosier touchant
D'une dryade ou de quelque bergère,
Réveille enfin sa tendresse et son chant.
Prends le burin, et grave ses maximes,
Muse : à ce prix je suis encor tes lois ;
A ce prix seul nous pouvons à nos rimes
Promettre encor des honneurs légitimes
Et les regards des sages et des rois.
Toujours j'entends les échos de nos rives
Porter au loin ces redites plaintives
Que l'Hélicon n'est plus qu'un vain tombeau,
Que pour Phébus il n'est plus de Mécène,
Et qu'éloigné du trône de la Seine
En soupirant il éteint son flambeau.
Oui, je le sais, de profondes ténèbres
Ont du Parnasse investi l'horizon.
Mais, s'il languit sous ces voiles funèbres,
Allons au vrai, quelle en est la raison ?
Peut-on compter qu'un soleil plus propice
Ramènera sous l'empire des vers
Ces jours brillants nés sous le doux auspice
Des Richelieus, des Séguiers, des Colberts,
Quand, ne suivant que les muses impies,
Prenant la rage et le ton des harpies,
Mille rimeurs, honteusement rivaux,
Par leurs sujets dégradent leurs travaux ?
Ces noirs transports sont-ils la poésie ?

Hé quoi! doit-on couronner les forfaits,
Parer le crime, armer la frénésie?
Et pour le Styx les lauriers sont-ils faits?

N'accusons point les astres de la France.
Pour ranimer leurs rayons éclatants,
Qu'au mont sacré de nouveaux habitants,
Rivaux amis, rendent d'intelligence
La vie aux mœurs, la noblesse aux talents;
Ainsi bientôt nos rivages moins sombres,
D'un jour nouveau parés et réjouis,
Reverront fuir le sommeil et les ombres
Où sont plongés les arts évanouis.
Pour toi, pendant que de nouveaux Orphées,
Vouant leurs jours aux plus savantes fées,
Et s'élevant à des accords parfaits,
Mériteroient de chanter près d'un trône
Toujours paré des palmes de Bellone
Et couronné des roses de la paix;
Muse, pour toi, dans l'union paisible
De la sagesse et de la volupté,
Nymphe badine, ou bergère sensible,
Viens quelquefois, avec la Liberté,
Me crayonner de riantes images,
Moins pour l'honneur d'enlever les suffrages
Que pour charmer ma sage oisiveté.

# AU P. BOUGEANT

### JÉSUITE

De la paisible solitude
Où, loin de toute servitude,
La liberté file mes jours,
Ramené par un goût futile
Sur les délires de la ville,
Si j'en voulois suivre le cours,
Et savoir l'histoire nouvelle
Du domaine et des favoris
De la brillante Bagatelle,
La divinité de Paris,
Le dédale des aventures,
Les affiches et les brochures,
Les colifichets des auteurs,
Et la gazette des coulisses,
Avec le roman des actrices
Et les querelles des rimeurs,
Je n'adresserois cette épître

Qu'à l'un de ces oisifs errants
Qui chaque soir sur leur pupitre
Rapportent tous les vers courants,
Et qui, dans le changeant empire
Des amours et de la satire,
Acteurs, spectateurs tour à tour,
Possèdent toujours à merveille
L'historiette de la veille
Avec l'étiquette du jour.

Je pourrois décorer ces rimes
De quelqu'un de ces noms sublimes
Devant qui l'humble adulateur
De ses muses pusillanimes
Vient étaler la pesanteur,
Si je savois louer en face,
Et, dans un éloge imposteur,
Au ton rampant de la fadeur
Faire descendre l'art d'Horace;
Mais, du vrai seul trop partisan,
Mon Apollon, peu courtisan,
Préfère l'entretien d'un sage
Et le simple nom d'un ami
Aux titres ainsi qu'au suffrage
D'un grand dans la pompe endormi.
Pour les protecteurs que j'honore
Que seroient mes faibles accents?
Ainsi que les dieux qu'on adore
Ils sont au-dessus de l'encens.

C'est donc vous seul que sans contrainte,

Et sans intérêt et sans feinte,
J'appelle en ces bois enchantés,
Moins révérend qu'aimable père,
Vous dont l'esprit, le caractère
Et les airs ne sont point montés
Sur le ton sottement austère
De cent tristes paternités,
Qui, manquant du talent de plaire
Et de toute légèreté,
Pour dissimuler la misère
D'un esprit sans aménité,
D'une sagesse minaudière
Affichent la sévérité,
Et ne sortent de leur tanière
Que sous la lugubre bannière
De la grave formalité;
Vous, dis-je, ce père vanté,
Vous, ce philosophe tranquille,
De Minerve l'heureux pupille,
Et l'enfant de la Liberté,
Comment donc avez-vous quitté
Les délices de cet asile,
Pour aller reprendre à la ville
Les chaînes de la gravité?
Amant et favori des Muses,
Et paresseux conséquemment,
Je ne vous trouve point d'excuses
Pour avoir fui si promptement.
Le désir des bords de la Seine
Soudain vous auroit-il repris?
Non, aux lieux d'où je vous écris,

## Épîtres.

Je me persuade sans peine
Qu'on peut se passer de Paris.
Héritier de l'antique enclume
De quelque pédant ignoré,
Et pour reforger maint volume
Aux antres latins enterré,
Iriez-vous comme les Saumaises,
Immolant aux doctes fadaises
L'esprit et la félicité,
Partager, avec privilège,
Des patriarches du collège
L'ennuyeuse immortalité?
Non, l'esprit des aimables sages
N'est point né pour les gros ouvrages,
Souvent publics incognito;
Le dieu du goût et du génie
A rarement eu la manie
Des honneurs de l'in-folio.
Quoi! sur votre philosophie,
Que les rayons de l'enjoûment
Faisoient briller d'un feu charmant,
La profane mélancolie
Auroit-elle, malgré les jeux,
Porté ses nuages affreux?
Martyr de la misanthropie,
Fuiriez-vous ce peu d'agrément
Qui nous fait supporter la vie,
Les entretiens où tout se plie
Au naturel des sentiments,
Les doux transports de l'harmonie
Et les jeux de la poésie,

Enfin tous les enchantements
De la meilleure compagnie?
Et par quelle bizarrerie,
Anachorète casanier,
Pour aller encore essuyer
L'éternité du vin de Brie,
Auriez-vous quitté le nectar
D'Aï, d'Arbois et de Pomar?
Non, vous tenez de la nature
Un jugement trop lumineux,
Vous avez trop cette tournure
Qui fait et le sage et l'heureux,
Pour vous condamner au silence,
Loin de ces biens et de ces jeux
Dont la tranquille jouissance,
Proscrite chez le peuple sot,
Distingue le mortel qui pense,
De l'automate et du cagot :
Et quand l'esprit mélancolique
Pourroit des ennuis ténébreux
Dans une âme philosophique
Verser le poison léthargique,
Ce n'eût point été dans ces lieux,
Dans un temple de l'allégresse,
Que le bandeau de la tristesse
Se fût étendu sur vos yeux.
Mais pourquoi donner au mystère,
Pourquoi reprocher au hasard,
De ce prompt et triste départ
La cause trop involontaire?
Oui, vous seriez encore à nous,

# Épîtres.

*Si vous étiez vous-même à vous.*

Si j'écrivois à quelque belle,
Je lui dirois peut-être aussi
Que depuis sa fuite cruelle
Les oiseaux languissent ici ;
Que tous les Amours avec elle
Ont fui nos champs à tire-d'aile ;
Qu'on n'entend plus les chalumeaux ;
Qu'on ne connoît plus les échos ;
Enfin la longue kyrielle
De tout le phébus ancien :
Et sans doute il n'en seroit rien ;
Tous les moineaux, à l'ordinaire,
Vaqueroient à leurs fonctions ;
Sans chagrines réflexions,
Les Amours songeroient à plaire ;
Myrtile, toujours plus heureux,
Uniroit son chiffre amoureux
Avec celui de sa bergère ;
Et les ruisseaux apparemment
Entre les fleurs et la fougère
N'en iroient pas plus lentement.
Mais, sans ces fadeurs de l'idylle,
Je vous dirai fort simplement
Que jamais ce séjour tranquille
N'a vu l'automne plus charmant :
Loin du tumulte qu'il abhorre,
Le plaisir avec chaque aurore
Renaît sur ces vallons chéris :
Des guirlandes de la Jeunesse

Les Ris couronnent la Sagesse ;
La Sagesse enchaîne les Ris ;
Et, pour mieux varier sans cesse
L'uniformité du loisir,
Un goût guidé par la finesse
Vient unir les arts au plaisir,
Les arts que permet la paresse,
Ces arts inventés seulement
Pour occuper l'amusement.

Tour à tour, d'une main facile
On tient le crayon, le compas,
Les fuseaux, le pinceau docile,
Avec l'aiguille de Pallas ;
Et pendant tout ce badinage,
Qu'on honore du nom d'emploi,
D'autres paresseux avec moi
Font un sermon contre l'ouvrage ;
Ou, sans projet, sans autre loi
Que les erreurs d'un goût volage,
Sages ou fous, à l'unisson
Joignent la flûte à la trompette,
Le brodequin à la houlette,
Et le sublime à la chanson.
Hors la louange et la satire,
Tout s'écrit ici, tout nous plaît,
Depuis les accords de la lyre
Jusqu'aux soupirs du flageolet,
Et depuis la langue divine
De Malebranche et de Racine
Jusqu'au folâtre triolet.

Que l'insipide symétrie
Règle la ville qu'elle ennuie ;
Que les temps y soient concertés,
Et les plaisirs même comptés ;
La mode, la cérémonie,
Et l'ordre, et la monotonie,
Ne sont point les dieux des hameaux ;
Au poids de la triste satire
On n'y pèse point tous les mots,
Et si l'on doit blâmer ou rire,
Tout ce qui plaît vient à propos :
Tout y fait des plaisirs nouveaux,
Le hasard, l'instant les décide.
Sans regretter l'heure rapide
Qui naît, qui s'envole soudain,
Et sans prévoir le lendemain,
Dans ce silence solitaire,
Sous l'empire de l'agrément,
Nous ne nous doutons nullement
Que déjà le noir sagittaire,
Couronné de tristes frimas,
Vient bannir Flore désolée,
Et qu'avec Pomone exilée
L'astre du jour fuit nos climats.
Oui, malgré ces métamorphoses,
Nos bois semblent encor naissants ;
Zéphyr n'a point quitté nos champs,
Nos jardins ont encor des roses :
Où règnent les amusements
Il est toujours des fleurs écloses,
Et les plaisirs font le printemps.

Échappé de votre ermitage,
Et sur ce fortuné rivage
Porté par les Songes légers,
Voyez la nouvelle parure
Dont s'embellissent ces vergers ;
Élève ici de la nature,
L'art lui prêtant ses soins brillants,
Y forme un temple de verdure
A la déesse des talents.
Sortez du sein des violettes,
Croissez, feuillages fortunés,
Couronnez ces belles retraites,
Ces détours, ces routes secrètes,
Aux plus doux accords destinés
Ma Muse, pour vous attendrie,
D'une charmante rêverie
Subit déjà l'aimable loi :
Les bois, les vallons, les montagnes,
Toute la scène des campagnes
Prend une âme et s'orne pour moi.
Aux yeux de l'ignare vulgaire,
Tout est mort, tout est solitaire :
Un bois n'est qu'un sombre réduit,
Un ruisseau n'est qu'une onde claire,
Les zéphirs ne sont que du bruit
Aux yeux que Calliope éclaire,
Tout brille, tout pense, tout vit ;
Ces ondes tendres et plaintives,
Ce sont des nymphes fugitives
Qui cherchent à se dégager
De Jupiter pour un berger;

Ces fougères sont animées;
Ces fleurs qui les parent toujours,
Ce sont des belles transformées;
Ces papillons sont des Amours.

Mais pourquoi ma raison oisive,
D'une Muse qui la captive
Suivant les caprices légers,
Cherche-t-elle sur cette rive
Des objets au sage étrangers,
Sans fixer sa vue attentive
Sur l'exemple de ses bergers?
Si, dans l'imposture éternelle
De nos mensonges enchanteurs,
Il reste encor quelque étincelle
De la nature dans nos cœurs;
Sauvés du séjour des prestiges,
Et cherchant ici les vestiges
De l'antique simplicité,
Sans adorer de vains fantômes,
Décidons si ce que nous sommes
Vaut ce que nous avons été;
Et si, malgré leur douceur pure,
Ces biens pour toujours sont perdus,
Voyons-en du moins la figure,
Comme on aime à voir la peinture
De quelque belle qui n'est plus.

Oui, chez ces bergers, sous ces hêtres,
J'ai vu dans la frugalité

Les dépositaires, les maîtres
De la douce félicité ;
J'ai vu, dans les fêtes champêtres,
J'ai vu la pure volupté
Descendre ici sur les cabanes,
Y répandre un air de gaîté,
De douceur et de vérité,
Que n'ont point les plaisirs profanes
Du luxe et de la dignité.

Parmi le faste et les grimaces
Qu'entraînent les fêtes des cours,
Thémire, dans ses plus beaux jours,
Avec de l'esprit et des grâces,
S'ennuie au milieu des Amours ;
Ici j'ai vu la tendre Lise,
A peine en son quinzième été,
Sans autre esprit que la franchise,
Sans parure que la beauté,
Plus heureuse, plus satisfaite
D'unir avec agilité
Ses pas aux sons d'une musette,
Et parmi les plus simples jeux,
Portant le plaisir dans ses yeux
Écrit des mains de la nature
Avec de plus aimables feux
Que n'en peut prêter l'imposture
A l'œil trompeur et concerté
D'une coquette fastueuse
Qui, par un sourire emprunté,
Dans l'ennui veut paroître heureuse,

Et jouer la vivacité.
Qu'on censure ou qu'on favorise
Ce goût d'un bonheur innocent;
Pour répondre à qui le méprise,
Qu'il nous suffise que souvent,
Pour fuir un tumulte brillant,
Thémire voudroit être Lise,
Et voler du sein des grandeurs
Sur un lit de mousse et de fleurs.

Feuillage antique et vénérable,
Temple des bergers de ces lieux,
Orme heureux, monument durable
De la pauvreté respectable
Et des amours de leurs aïeux;
O toi qui, depuis la durée
De trente lustres révolus,
Couvres de ton ombre sacrée
Leurs danses, leurs jeux ingénus;
Sur ces bords, depuis ta jeunesse
Jusqu'à cette verte vieillesse,
Vis-tu jamais changer les mœurs,
Et la félicité première
Fuir devant la fausse lumière
De mille brillantes erreurs?
Non : chez cette race fidèle
Tu vois encor ce pur flambeau
De l'innocence naturelle
Que tu voyois briller chez elle
Lorsque tu n'étois qu'arbrisseau;
Et, pour bien peindre la mémoire

De ces mortels qui t'ont planté,
Tu nous offres pour leur histoire
Les mœurs de leur postérité.
Triomphe, règne sur les âges :
Échappe toujours aux ravages
D'Éole, du fer et des ans ;
Fleuris jusqu'au dernier printemps,
Et dure autant que ces rivages ;
Au chêne, au cèdre fastueux
Laisse les tristes avantages
D'orner des palais somptueux :
Les lambris couvrent les faux sages,
Tes rameaux couvrent les heureux.

Tandis qu'instruit par la droiture
Et par la simple vérité
Mon esprit, toujours enchanté,
Pénètre au sein de la nature,
Et s'y plonge avec volupté :
Hélas ! par une loi trop dure,
Poussés vers l'éternelle nuit,
Le plaisir vole, le temps fuit ;
Et bientôt sous sa faux rapide,
Ainsi que les jardins d'Armide,
Ce lieu pour nous sera détruit !
Trop tôt, hélas ! les soins pénibles,
Les bienséances inflexibles
Revendiquant leurs tristes droits,
Viendront profaner cet asile.
Et, nous arrachant de ces bois,
Nous replongeront pour six mois

Dans l'affreux chaos de la ville,
Et dans cet éternel fracas
De riens pompeux et d'embarras
Qui, pour tout esprit raisonnable,
Sujets de gêne et de pitié
Ne sont que le jeu misérable
D'un ennui diversifié !

Mais, outre ces peines communes
Qui nous attendent au retour,
Outre les chaînes importunes
Et de la ville et de la cour,
Il est un fatal apanage
De dégoûts encor plus nombreux,
Qu'au retour des champêtres lieux
Le funeste Apollon ménage
A ses élèves malheureux.

Au milieu d'un monde frivole,
Dont les nouveautés sont l'idole,
Déjà je me vois revenu :
Et, pour le malheur de ma vie,
Par l'importune poésie
Malgré moi-même un peu connu,
Déjà j'entends les périodes
Et les questions incommodes
De ces furets de vers nouveaux,
De ces copistes généraux,
Qui, persuadés que l'étude
Me tient absent pendant trois mois,
Vont s'imaginer que je dois

Le tribut de ma solitude
A l'oisiveté de leur voix.

« Hé bien ! me dit l'un, dont l'idylle
Enchante l'esprit doucereux,
Sans doute, élève de Virgile,
Sur des pipeaux harmonieux,
De Lycidas et d'Amarylle
Vous aurez soupiré les feux?
Vous aurez chanté les beaux yeux,
Les premiers soupirs de Sylvie,
Et des bouquets de la prairie
Vous aurez orné ses cheveux? »

« Qu'apportez-vous? point de mystère
(Me vient dire avec un souris
Quelque suivant de beaux esprits,
Insecte et tyran du parterre) :
L'ouvrage est-il pour Thomassin,
Pour Pélissier ou pour Gossin? »

Je fuis, j'échappe à la poursuite
De ces colporteurs trop communs :
Suis-je plus heureux dans ma fuite?
D'autres lieux, d'autres importuns!
« Enfin, dit-on, de votre absence
Revenez-vous un peu changé?
Du sommeil de la négligence
Votre esprit enfin dégagé
Immolera-t-il l'indolence
Aux succès d'un travail rangé ? »

Ainsi déclame sans justesse
Contre les droits de la paresse
Un froid censeur qui ne sent pas
Que, sans cet air de douce aisance,
Mes vers perdroient le peu d'appas
Qui leur a gagné l'indulgence
Des voluptueux délicats,
Des meilleurs paresseux de France,
Les seuls juges dont je fais cas.

Par l'étude, par l'art suprême,
Sur un froid pupitre amaigris,
D'autres orneront leurs écrits:
Pour moi, dans cette gêne extrême,
Je verrois mourir mes esprits ;
On n'est jamais bien que soi-même,
Et me voilà tel que je suis.
Imprimés, affichés sans cesse,
Et s'entre-chassant de la presse,
Mille autres nous inonderont
D'un déluge d'écrits stériles
Et d'opuscules puériles
Auxquels sans doute ils survivront ;
A cette abondance cruelle
Je veux toujours, en vérité,
Et de la Fare et de Chapelle
Préférer la stérilité ;
J'aime bien moins ce chêne énorme
Dont la tige, toujours informe,
S'épuise en rameaux superflus,
Que ce myrte tendre et docile

Qui, croissant sous l'œil de Vénus,
N'a pas une feuille inutile,
S'épanouit négligemment,
Et se couronne lentement.

Il est vrai qu'en quittant la ville
J'avois promis que, plus tranquille,
Et dans moi-même enseveli,
Je saurois, disciple d'Horace,
Unir les nymphes du Parnasse
Aux bergères de Tivoli.
J'avois promis! mais tu t'abuses,
Si tu comptes sur nos discours;
Cher ami, les serments des Muses
Ressemblent à ceux des Amours.
Dans la tranquillité profonde
Du philosophe et du berger,
Trois mois j'ai vécu sans songer
Qu'Apollon fût encore au monde;
Et je t'avoue ingénument
Que très peu fait à voir l'aurore,
Que j'aperçois dans ce moment,
Je ne la verrois point éclore
Dans ce champêtre éloignement,
Si des volontés que j'adore,
Pour me faire rimer encore,
Ne valoient mieux que mon serment.

Toi, dont la sagesse riante
Souffre et seconde nos chansons,

Ami, sur ta lyre brillante
Prépare-nous les plus doux sons ;
Dès qu'entraînés par l'habitude,
Au séjour de la multitude
Nous aurons quitté ce canton,
Chez une élève d'Uranie,
Entre les fleurs et l'ambroisie,
Entre Démocrite et Platon,
De la vertu toujours unie
Nous irons prendre des leçons
Et t'en donner de la folie
Que la bonne philosophie
Permet à ses vrais nourrissons.
Cette anacréontique orgie,
Livrée à la vive énergie
Du génie et du sentiment,
Ne sera point assurément
De ces fêtes sombres et graves
Où périt la vivacité,
Où les agréments sont esclaves,
Et s'endorment dans les entraves
De la pesante autorité ;
Nous n'y choisirons point pour guide
Cette raison froide et timide
Qui toise impitoyablement
Et la pensée et le langage.
Et qui, sur les pas de l'usage,
Rampe géométriquement
Loin du mystère et de la gêne,
Pensant tout haut et sans effort,
Admettant la raison sans peine,

Et la saillie avec transport ;
D'une ville tumultueuse
Nous adoucirons le dégoût :
La raison est partout heureuse,
Le bonheur du sage est partout.
Et puisqu'il faut du ton stoïque
Égayer la sévérité,
La ville, malgré ma critique
Et l'éloge du sort rustique,
Reverra mon cœur enchanté ;
Dans ses caprices agréables,
Et dans son brillant le plus faux,
Paris a des charmes semblables
A ces coquettes adorables
Qu'on aime avec tous leurs défauts.

Mais quoi ! tandis que ma pensée,
Plus légère que le zéphir,
Folâtre à la fois et sensée,
Vole sur l'aile du Plaisir,
Dieux ! quelle nouvelle semée
Subitement dans l'univers
Vient glacer mon âme alarmée,
Et quelle main de feux armée
Lance la foudre sur mes vers ?
Sur un char funèbre portée,
Des Grâces en deuil escortée,
La Renommée en ce moment
M'apprend que la Parque inhumaine,
Sur les tristes bords de la Seine
Vient de plonger au monument

## Épîtres.

Des mortels le plus adorable [1],
L'ami de tout heureux talent
Et de tout ce qui vit d'aimable,
Le dieu même du sentiment,
Et l'oracle de l'agrément.
O toi, mon guide et mon modèle,
Durable objet de ma douleur,
Toi qui, malgré la mort cruelle,
Respires encor dans mon cœur,
Illustre Ariste, ombre immortelle,
Ah! si, du séjour de nos dieux,
Si, de ces brillantes retraites
Où tes mânes ingénieux
Charment les ombres satisfaites
Des Sévignés, des La Fayettes,
Des Vendômes et des Chaulieux,
Tu daignes, sensible à nos rimes,
Abaisser tes regards sublimes
Sur le deuil de ces tristes lieux;
Et si, de l'éternel silence
Traversant le vaste séjour,
Un dieu te porte dans ce jour
La voix de ma reconnoissance;
Pardonne au légitime effroi,
Au sombre ennui qui fond sur moi,
Si dans les fastes de mémoire
Je ne trace point à ta gloire
Des vers immortels comme toi,
Moi qui voudrois en traits de flamme

---

1. L'évêque de Luçon.

Graver aux yeux de l'avenir
Ma tendresse et ton souvenir,
Comme ils resteront dans mon âme
Gravés jusqu'au dernier soupir,
J'irois dans le temple des Grâces
Laisser d'ineffaçables traces
De cette sensible bonté,
L'amour, le charme de notre âge,
Ou, pour en dire davantage,
L'éloge de l'humanité;
Mais à travers les voiles sombres
Quand je te cherche dans les ombres,
Dans le silence du tombeau,
Puis-je soutenir le pinceau?
Que les beaux-arts, que le Portique,
Que tout l'empire poétique,
Où souvent tu dictas des lois
Avec la Seine inconsolable
Pleurent une seconde fois
La perte trop irréparable
D'Aristippe, d'Anacréon,
D'Atticus et de Fénelon;
Pour moi, de ma douleur profonde
Trop pénétré pour la chanter,
N'admirant plus rien en ce monde
Où je ne puis plus t'écouter,
Sur l'urne qui contient ta cendre,
Et que je viens baigner de pleurs,
Chaque printemps je veux répandre
Le tribut des premières fleurs;
Et puisqu'enfin je perds le maître

Qui du vrai beau m'eût fait connoître
Les mystères les plus secrets,
Je vais à tes sombres cyprès
Suspendre ma lyre, et peut-être
Pour ne la reprendre jamais.

FIN

# TABLE DES MATIÈRES

|  | Pages. |
|---|---|
| Notice sur la vie et les œuvres de Gresset. | 1 |

## VER-VERT.

| | |
|---|---|
| Chant premier. | 3 |
| Chant deuxième. | 10 |
| Chant troisième. | 17 |
| Chant quatrième. | 23 |
| Le Carême impromptu. | 33 |
| Le Lutrin vivant. | 43 |

## LE MÉCHANT.

| | |
|---|---|
| Acte premier. | 53 |
| Acte II. | 79 |

|  | Pages. |
|---|---|
| Acte III. | 111 |
| Acte IV. | 147 |
| Acte V. | 175 |

### ÉPITRES.

|  |  |
|---|---|
| La Chartreuse. A M. D. D. N. | 197 |
| Les Ombres. A. M. D. D. N. | 221 |
| Envoi de l'épître suivante à madame de *** | 233 |
| A ma Muse | 235 |
| Au P. Bougeant, jésuite. | 254 |

*Achevé d'imprimer*

par

LE 5 AVRIL 1883

www.ingramcontent.com/pod-product-compliance
Lightning Source LLC
Chambersburg PA
CBHW060405170426
43199CB00013B/2003